RETRATAÇÕES

Dados Internacionais de Catalogação na Publicação (CIP)
(Câmara Brasileira do Livro, SP, Brasil)

Agostinho, Santo, Bispo de Hipona, 354-430

Retratações : dois livros / Agostinho, Santo, Bispo de Hipona ; tradução de Ary E. Pintarelli. – Petrópolis, RJ : Vozes, 2024. – (Coleção Pensamento Humano)

Título original: Retractationum.

ISBN 978-85-326-6955-1

1. Agostinho, Santo, Bispo de Hipona, 354-430 2. Filosofia 3. Religião – Filosofia I. Título. II. Série.

24-219498 CDD-210.1

Índices para catálogo sistemático:

1. Religião : Filosofia 210.1

Tábata Alves da Silva – Bibliotecária – CRB-8/9253

Santo Agostinho

RETRATAÇÕES
Dois livros

Tradução de Frei Ary E. Pintarelli

Petrópolis

Tradução do original em latim intitulado *Retractationum.*

Diagramação: Victor Mauricio Bello
Revisão gráfica: Nilton Braz da Rocha
Capa: Editora Vozes

ISBN 978-85-326-6955-1

Este livro foi composto e impresso pela Editora Vozes Ltda.

SUMÁRIO

PRÓLOGO

1. Há muito tempo já penso em fazer aquilo que agora, com a ajuda de Deus, disponho-me a iniciar, porque julgo que não se deva adiar que eu passe os meus opúsculos, quer sejam livros, cartas ou tratados, por uma certa severidade judiciária e aquilo que me desagrada eu o submeta ao ponteiro do censor. Com efeito, ninguém, a não ser um imprudente, ousaria repreender-me porque censuro meus erros. Mas, se alguém disser que eu não deveria dizer aquilo que depois me desagrada, certamente diz a verdade e está de acordo comigo, pois desaprova aquilo que eu também desaprovo. Mas eu não deveria reprovar se tivesse dito o que deveria dizer.

2. Porém, cada um é livre de aceitar aquilo que eu faço; quanto a mim, no entanto, é oportuno que preste atenção àquela sentença apostólica que diz: *Se nós nos julgássemos a nós mesmos, não seríamos julgados pelo Senhor* (1Cor 11,31). E também o que está escrito: *No muito falar, não faltará pecado* (Pr 10,19), incute-me muito temor; não porque escrevi muitas coisas, mas porque muitas coisas que não foram ditadas por mim, foram atribuídas a mim (longe de mim considerar tagarelice quando se falam coisas necessárias, seja qual for o número ou a prolixidade das intervenções); mas temo esta sentença da santa Escritura porque, entre as muitas das minhas discussões, pode-se recolher muitas coisas que, se não são falsas, certamente parecem e são consideradas não necessárias. Na verdade, a qual dos seus fiéis Cristo não atemorizou quando diz: *Ora, digo-vos que de qualquer palavra ociosa que tiverem proferido os homens, darão conta dela no dia do juízo* (Mt 12,36). Daí também seu Apóstolo Tiago disse: *Todo o homem seja pronto para ouvir, porém, tardo para falar* (Tg 1,19), e em outro lugar diz: *Meus irmãos, não queirais fazer que muitos de vós sejam mestres, sabendo que vos expondes a um juízo mais severo, porque todos nós pecamos em muitas coisas. Se alguém não peca em palavras, este é um homem perfeito* (Tg 3,1-2). Quanto a mim, não

me arrogo essa perfeição agora que sou velho, nem muito menos quando jovem comecei a escrever ou a falar ao povo, tanto que me atribuíam tamanha responsabilidade que, estando presente quando se devia falar ao povo, muito raramente me era permitido calar e ouvir os outros e, portanto, estar pronto para ouvir e lento para falar. Resta-me, pois, somente que eu mesmo me julgue sob o único Mestre (cf. Mt 23,8), cujo juízo sobre minhas ofensas desejo evitar. Penso, porém, que se criam mais mestres quando se pensam coisas diferentes e contrárias entre si. Mas, quando todos têm o mesmo discurso (cf. 1Cor 1,10) e dizem a verdade, não se afastam do ensinamento do único e verdadeiro mestre. Porém, não o injuriam quando dizem muitas coisas com ele, mas quando acrescentam as próprias (cf. Jo 8,44). Desse modo, certamente, caem tanto na loquacidade quanto na falsidade.

3. Contudo, agradou-me escrever esta obra para pô-la nas mãos dos homens aos quais não posso fazer voltar as coisas que já publiquei para serem corrigidas. Também não pretendo omitir o que escrevi ainda como catecúmeno, embora tivesse abandonado a esperança terrena que mantinha, mas ainda me sentia inchado pela prática da literatura secular. Porque também ela chegou ao conhecimento dos copistas e leitores e pode ser lida com proveito se forem perdoadas algumas coisas ou, se não se perdoarem, todavia, não se aceitem as coisas erradas. Por isso, os que lerem estes escritos não me imitem no erro, mas no progresso para melhor. De fato, talvez encontre como progredi ao escrever quem ler esses meus opúsculos na ordem em que foram escritos. E para que possam comprová-lo, na medida do possível, cuidarei que venham na mesma ordem.

LIVRO I

1

CONTRA OS ACADÊMICOS

Três livros

1.1 Portanto, depois de abandonar o que havia conseguido ou aquilo que ainda queria conseguir no tocante às ambições deste mundo e me dirigia para o ócio da vida cristã, ainda não batizado, primeiramente escrevi *Contra os acadêmicos* ou *Os acadêmicos*, para afastar do meu espírito o maior número possível das razões dos seus argumentos, porque preocupavam também a mim, já que levam muitos a desesperar de encontrar a verdade e proíbem a alguns de aderir à verdade e ao sábio de acolher alguma coisa como manifesta e certa, pois lhes parece obscura e incerta. E isso foi feito com a misericórdia e a ajuda do Senhor.

1.2 Mas, nesses mesmos três livros não me agrada ter mencionado tantas vezes a *fortuna*, embora com este nome não tivesse a intenção de referir-me a alguma deusa, mas ao fortuito acontecimento das coisas, seja em relação às coisas boas ou más do nosso corpo ou exterior a ele. Daí aquelas palavras que nenhuma religião proíbe usar: talvez, porventura, por acaso, fortuitamente; o que, todavia, não impede que tudo deva ser remetido à Providência divina. Aliás, nem isso eu calei de dizer: *Talvez, aquela que popularmente tem o nome de fortuna é regida por alguma ordem oculta e nada mais é nas coisas do que aquilo que chamamos acaso, a não ser aquilo do qual nos foge o sentido e a causa.* É verdade, eu disse isso; mas, realmente, arrependo-me de ali ter nomeado a fortuna, pois vejo que os homens têm o péssimo costume de dizer: a fortuna quis, em vez de dizer: Deus quis, o que eu disse em outra passagem: *Assim foi determinado, quer por nossos méritos, quer por necessidade da natureza, que um espírito divino que se liga às coisas mortais não encontre acolhimento no porto da filosofia etc.*, ou não deveria usar nenhuma das duas expressões, porque também assim o sentido poderia ser completo, ou bastaria dizer: Por nossos méritos, pois, já que é verdade devido à miséria herdada de Adão, não precisava acrescentar: Por necessidade da natureza, visto que a triste condição da nossa natureza originou-se pelos méritos da iniquidade precedente. Igualmente, quando ali disse: *Absolutamente nada deve ser cultuado e totalmente rejeito tudo o que é visto pelos olhos mortais, tudo aquilo que é atingido por qualquer sentido*, deveria ter acrescentado essas palavras e dizer: *Tudo o que é atingido por qualquer sentido do corpo mortal*, pois existe também o sentido da mente. Mas eu me expressava conforme o costume daqueles que falam de uma sensibilidade só em relação ao corpo e dizem sensível só aquilo que é material. Por isso, onde falei assim, é pouco evitar a ambiguidade, a não ser com aqueles que costumam usar essa expressão. Igualmente, disse: *Que outra coisa pensas que seja viver feliz, senão viver segundo aquilo que no homem é viver da melhor forma?* E pouco depois, esclarecendo o que entendi como o ótimo no homem, disse: *Quem poderia duvidar que no homem ocupa a posição ótima a parte da alma a cuja autoridade convém que estejam sujeitas todas as outras componentes do homem?* Essa parte, para que não exijas outra definição, pode-se dizer que é a mente ou a razão. E isso, certamente, é verdade; pois, se considerarmos a natureza do homem, nada nele é melhor do que a mente e a razão. Mas, quem quer viver na felicidade não deve viver segundo a natureza, pois fazendo assim vive segundo o homem, quando, para alcançar a felicidade, deve viver segundo Deus; e para consegui-la, nossa mente não deve estar satisfeita consigo mesma, mas deve estar sujeita a Deus. Igualmente, respondendo àquele com o qual discutia, digo: *Certamente não erras e, de boa vontade, desejaria que isso fosse para ti um bom presságio para o futuro.* Pois, embora isso tenha sido dito seriamente, todavia, não gostaria de usar esse termo (presságio). Na verdade, não me lembro de tê-lo encontrado nas nossas Sagradas Escrituras, nem na linguagem de algum escritor eclesiástico, embora presságio seja chamado “abominação”, palavra que nos livros divinos ocorre com frequência.

1.3 No segundo livro, porém, é totalmente inútil e imbecil aquela espécie de fábula de filocalia e filosofia, que se indicam como irmãs e nascidas do mesmo pai. Pois, ou aquela que é chamada filocalia situa-se entre as frivolidades e, por isso, de forma alguma é irmã da filosofia, ou se esse nome merece consideração porque em latim significa amor à beleza e designa a verdadeira e suprema beleza da sabedoria, filosofia e filocalia, na esfera das supremas realidades incorporais à qual pertencem só podem ser a mesma pessoa e, portanto, de modo algum, são duas irmãs. Em outra passagem, tratando da alma, disse: *Para tornar mais seguro no céu.* Com maior segurança deveria ter dito "para ir" e não "para tornar", e isso para evitar o erro daqueles segundo os quais as almas humanas, caídas ou expulsas do céu em consequência de seus pecados, seriam obrigadas a entrar nesses nossos corpos. Mas, não hesitei em me expressar assim, pois dizendo "no céu" entendia dizer "a Deus", que é o autor e criador da alma, como o bem-aventurado Cipriano não hesitou em dizer: Porque nosso corpo deriva da terra e nosso espírito, do céu, nós somos ao mesmo tempo céu e terra; e no Eclesiastes está escrito: *O espírito volte para Deus que o deu* (Ecl 12,7). Isso deve ser entendido no sentido que não se oponha à afirmação do Apóstolo, segundo a qual os homens ainda não nascidos nada fizeram de bem ou de mal (cf. Rm 9,11). Portanto, sem discussão alguma, o próprio Deus é uma espécie de sede original da felicidade da alma, pois não a gerou de si mesmo, mas a criou do nada, do mesmo modo que da terra criou o corpo. Pois aquilo que se refere à sua origem, pela qual acontece que está no corpo, não sabia nem ainda sei se procede daquele que foi criado primeiro, quando ao homem foi feita uma alma viva, ou se foram criadas singularmente uma para cada um.

1.4 No terceiro livro disse: Se queres a minha opinião, creio que na mente está o sumo bem do homem. Com mais exatidão teria dito: "em Deus"; pois a mente goza de Deus para ser feliz, como o seu sumo bem. Também não me agrada o que disse: *É lícito jurar por tudo o que é divino*. Igualmente, o que disse dos acadêmicos, que conheciam a verdade, cuja semelhança denominavam verossimilhança e depois tachar de falsidade o verossimilhante ao qual davam a aprovação. E não foi correto por dois motivos: ou porque seria falso aquilo que de algum modo é semelhante a algo verdadeiro, porque no seu gênero também isso é verdadeiro, ou porque aprovavam essas falsidades que chamam verossimilhanças e, no entanto, nada aprovavam e afirmavam daquilo que o sábio aprovava. Mas, porque definem aquela verossimilhança também como provável, por isso mesmo aconteceu aquilo que eu disse a eles. Também o próprio elogio com o qual exaltei Platão ou os platônicos, ou os filósofos acadêmicos, com razão me desagradou, porque não foi conveniente a homens impiedosos, sobretudo porque é preciso defender a fé cristã contra tão grandes erros. Também aquilo que em comparação aos argumentos de Cícero, usados nos seus livros acadêmicos, eu disse que os meus eram frivolidades, com as quais refutei aqueles argumentos de modo irrespondível, embora pareça ter sido dito em tom de gracejo e mais de ironia, todavia, não devia ter dito.

Esta obra começa assim: *O utinam, Romaniane, hominem sibi aptum.* [Oxalá, Romaniano, que um homem bem-disposto a ti.]

2

A VIDA FELIZ

Livro único

2. O livro *A vida feliz* não o escrevi depois dos livros sobre *Os acadêmicos*, mas acontece que o escrevi num intervalo entre eles. De fato, ele nasceu por ocasião do meu aniversário natalício e foi terminado três dias depois, como muito bem se indica nele. Nesse livro, estabeleceu-se entre nós que discutíamos juntos que não há vida feliz sem o perfeito conhecimento de Deus. Porém, desagrada-me nele ter elogiado mais do que devia a Mânlio Teodoro, a quem dediquei o livro, embora seja um homem douto e cristão; e por ter nomeado muitas vezes a *fortuna*; e por ter dito que, no tempo desta vida, a vida feliz está somente no homem sábio, seja qual for a condição do seu corpo, já que o Apóstolo espera o perfeito conhecimento de Deus, isto é, o maior que o homem pode possuir, só na vida futura (cf. 1Cor 13,12), pois só deve ser chamada vida feliz quando também o corpo incorruptível e imortal (cf. 1Cor 15,53) se sujeitar a seu espírito sem dificuldade ou resistência. Na verdade, em nosso manuscrito encontrei esse livro inacabado e ao qual falta uma parte não pequena; e assim foi transcrito por alguns irmãos e ainda não o encontrei inteiro para corrigi-lo quando fiz estas retratações.

Este livro começa assim: *Se ad philosophiae portum.* [Se ao porto da filosofia.]

3

A ORDEM

Três livros

3.1 No mesmo período, sempre intercalando-os entre os livros escritos sobre *Os acadêmicos*, escrevi também dois livros sobre *A ordem*, nos quais se trata da grande questão se a ordem da divina Providência contém todas as coisas boas e más. Mas, como percebi que o assunto era difícil de ser entendido e muito mais difícil para aqueles com os quais tratava, preferi falar da ordem dos estudos, graças aos quais pode-se progredir para o conhecimento das realidades incorporais partindo das realidades corporais.

3.2 Nesses livros, certamente desagrada-me também ter interposto muitas vezes o termo *fortuna*; e de não ter acrescentado "do corpo" quando nomeei os sentidos do corpo. Desagradou-me também por ter dado demasiado peso às disciplinas liberais, sobre as quais é grande a ignorância de muitos santos; e alguns que as conhecem não são santos; e ter mencionado, mesmo em tom jocoso, as Musas, como se fossem deusas; e por ter considerado um vício a admiração; e por ter afirmado que refulgiram com a luz da virtude alguns filósofos privados da verdadeira fé; e de ter sustentado, não em nome de Platão ou dos platônicos, mas como uma posição minha, que existem dois mundos, um sensível e outro inteligível, e de ter insinuado que o Senhor teria dado a entender isso, quando em vez de dizer: "O meu reino não é do mundo", disse: *O meu reino não é deste mundo* (Jo 18,36), já que se pode encontrar dito por outra locução; e se outro mundo foi indicado por Cristo Senhor, com mais exatidão se poderia entender aquele em que haverá um *novo céu e uma nova terra* (Is 65,17; 66,22; 2Pd 3,13; Ap 21,1), quando há de se realizar aquilo que rezamos, dizendo:

Venha o teu reino (Mt 6,10). Nisso nem Platão errou, porque disse que existe um mundo inteligível sempre que queiramos referir-nos à sua realidade e não ao vocábulo mundo que, na linguagem da Igreja, jamais assume aquele significado. De fato, ele denominou mundo inteligível a própria eterna e imutável razão pela qual Deus criou o mundo. Quem nega a sua existência, coerentemente, deve admitir a irracionalidade da ação criativa de Deus, ou reconhecer que Deus, quer no momento da criação, quer antes, não soubesse o que fazia, já que não havia nele uma razão para agir. Mas se havia, e de fato havia, parece que Platão a chamava de mundo inteligível. E, todavia, nós não usaríamos este nome se já estivéssemos suficientemente instruídos nas letras eclesiásticas.

3.3 Nem me agrada que, depois de dizer: "Devemos empenhar-nos ao máximo para adquirir bons costumes", logo acrescentei: *Pois, de outra maneira, o nosso Deus não poderá ouvir-nos, mas ouvirá com muita facilidade aqueles que vivem bem.* Ora, isso foi dito como se Deus não ouvisse os pecadores (cf. Jo 9,31), o que alguém disse no evangelho, mas tratava-se de um homem que ainda não conhecendo a Cristo fora iluminado por Ele no corpo. Nem me agrada o grande elogio que dei ao filósofo Pitágoras, porque quem o ouve ou lê pode induzir que, na minha opinião, em Pitágoras não há erro algum: mas existem muitos e gravíssimos.

Esta obra começa assim: *De ordine rerum, Zenobi.* [A ordem das coisas, Zenóbio.]

4

SOLILÓQUIOS

Dois livros

4.1 Nesse meio-tempo escrevi outros dois volumes, conforme o meu desejo e o amor de indagar racionalmente a verdade sobre aquilo que ardentemente desejava conhecer; e o fiz dirigindo perguntas e respondendo a mim mesmo, como se eu e a minha razão fôssemos duas realidades diversas; mas eu estava só, daí por que chamei esta obra de *Solilóquios*. Mas, ficou incompleta, assim que no primeiro livro, por meio da pesquisa, chega-se à representação das características de quem aspira chegar à sabedoria; a sabedoria que não se alcança com o sentido do corpo, mas com a mente, e no fim do livro, com uma bem-definida argumentação, conclui-se que aquilo que participa verdadeiramente do ser é imortal; no segundo livro debate-se longamente, sem terminar o discurso, o tema da imortalidade da alma.

4.2 Ora, nestes livros não aprovo o que disse numa oração: *Ó Deus, que quiseste que só os puros conhecessem a verdade.* Pois, pode-se responder que também muitos que não são puros conhecem muitas verdades; além disso, não está definido o que seja a verdade que só os puros podem conhecer, nem o que significa conhecer; e o que ali está colocado: *Ó Deus, cujo reino é o mundo inteiro, que o sentido não pode conhecer.* Se é Deus que se deve entender, deveria se acrescentar alguma palavra para dizer: que o sentido do corpo mortal não pode conhecer; mas se é o mundo que é ignorado pelo sentido, deverá se entender aquilo que virá com o *novo céu e a nova terra* (Is 65,17; 66,22); mas, também aqui seria necessário um acréscimo para dizer: "o sentido do corpo mortal". Mas eu ainda falava com o costume pelo qual se chama propriamente de sentido somente aquele em relação ao corpo; afinal, não se deve repetir continuamente aquilo que já foi dito precedentemente; basta recordá-lo sempre que este modo de se exprimir ocorrer nos meus escritos.

4.3 E onde falei do Pai e do Filho: *Aquele que gera e aquele que é gerado é um,* deveria dizer: "são um"; como claramente a própria verdade proclama ao dizer: *Eu e o Pai somos um* (Jo 10,30). Nem me agrada ter dito que nesta vida a alma pode ser feliz após ter conhecido a Deus; a afirmação, talvez, poderia ser válida, mas somente se a felicidade for objeto de esperança. Quanto à afirmação de que a união com a sabedoria não se alcança seguindo um único caminho, não soa bem. É como se afirmássemos que existe outro caminho além de Cristo, que afirmou: *Eu sou o caminho* (Jo 14,6). Portanto, devia-se evitar a ofensa aos ouvidos religiosos, embora um seja o caminho geral, outro seja o caminho pelo qual cantamos no salmo: *Mostra-me, Senhor, os teus caminhos e ensina-me as tuas veredas* (Sl 24,4). E naquilo que foi dito: *Deve-se, absolutamente, fugir das coisas sensíveis,* deve-se cuidar de não julgar que fazemos nossa a posição do falso filósofo Porfírio, na qual diz que se deve fugir de todo o corpo. Mas, eu não disse "todas" as coisas sensíveis, mas só as sujeitas à corrupção. Contudo, deveria se dizer melhor; mas essas coisas sensíveis não mais existirão no *novo céu e na nova terra.*

4.4 Em algum outro lugar, eu disse que *os instruídos nas disciplinas liberais, sem dúvida, são recuperados pela aprendizagem das coisas sepultadas no esquecimento e que de alguma forma se desenterram.* Também isso não tem minha aprovação. Afinal, é mais acreditável que mesmo os indoutos em algumas disciplinas podem dar respostas conforme a verdade quando lhes são feitas perguntas de modo correto, porque lhes está presente a luz da razão eterna, na qual contemplam, na medida que lhes é possível, as verdades imutáveis; não porque uma vez as conheceram e agora as esqueceram, na opinião de Platão e dos que pensam como ele. Contra essa opinião, já discorri no duodécimo livro sobre *A Trindade,* nos limites que a ocasião me oferecia.

Esta obra inicia assim: *Volventi mihi multa ac varia mecum.* [Considerando dentro de mim muitas e variadas questões.]

5

A IMORTALIDADE DA ALMA

Livro único

5.1 Depois dos *Solilóquios*, tendo voltado do campo para Milão, escrevi um livro sobre *A imortalidade da alma*, do qual eu havia deixado uma recordação em vista de terminar os *Solilóquios*, que ficaram incompletos. Porém, não sei como, contra a minha vontade, o texto passou para as mãos dos homens e é mencionado entre os meus opúsculos. Primeiramente, pela confusão e pela brevidade dos raciocínios é tão obscuro que sua leitura cansa até a mim e eu mesmo quase não o compreendo.

5.2 Depois, numa argumentação do mesmo livro, refletindo só sobre as almas dos homens, eu disse: *Não pode existir disciplina em quem não aprende.* Igualmente, em outra passagem, eu disse: *A ciência não abraça nenhuma realidade, senão aquilo que pertence a alguma disciplina.* Não me veio à mente que Deus não aprende nenhuma disciplina, mas possui o conhecimento de todas as coisas, no qual está incluída também a presciência das coisas futuras. Isso vale também para aquilo que ali foi dito: *Não há vida racional senão na alma;* de fato, nem em Deus há vida sem razão, já que nele existe a suprema vida e a suprema razão. Igualmente errado é o que afirmei logo acima: *O que se compreende existe sempre do mesmo modo,* mas a alma é entendida, e, certamente, não existe do mesmo modo. E o que eu disse: *Por isso, a alma não pode ser separada da razão eterna, porque não lhe está unida localmente,* e, sem dúvida, não teria dito se já estivesse tão instruído nas Letras sagradas a ponto de recordar-me o que está escrito: *As vossas iniquidades puseram uma separação entre vós e Deus* (Is 59,2). Disso é possível compreender que pode existir uma separação entre o que não estava unido espacialmente, mas espiritualmente.

5.3 Também não sei o que significa o que afirmei: *Se à alma falta o corpo, ela não está neste mundo,* não consigo lembrar. Com efeito, talvez as almas dos mortos ou não têm corpo ou não estão neste mundo, como se os infernos não fossem deste mundo? Mas como empreguei a expressão "não têm corpo" num bom sentido, talvez o termo corpo quisesse designar os males do corpo. E se é assim, usei a palavra de modo muito insolente. Com temeridade, também foi dito: *A essência suprema dá uma forma ao corpo por intermédio da alma, que existe enquanto existe. Portanto, o corpo subsiste pela alma, que está nele porque o anima, quer universalmente, como o mundo, quer particularmente, como qualquer animal no mundo.* Tudo isso foi dito com extrema temeridade.

Este livro começa assim: *Si alicubi est disciplina.* [Se a disciplina existe em algum lugar.]

6

OS LIVROS DAS DISCIPLINAS

Livro único

6. Nesse mesmo tempo em que estive em Milão para receber o batismo, tentei também escrever: *Os livros das disciplinas*, interrogando as pessoas que estavam comigo e não lhes desagradavam tais estudos, desejando chegar ou conduzir, com alguns passos certos, das coisas corporais para as incorporais. Mas delas só consegui terminar o livro sobre a *Gramática*, que depois perdi em nossa biblioteca, e seis volumes sobre a *Música*, limitados à parte que se chama *ritmo*. Mas escrevi esses seis livros já batizado e tendo regressado da Itália para a África, pois em Milão havia apenas iniciado esta disciplina. Das outras cinco disciplinas, porém, isto é, a Dialética, a Retórica, a Geometria, a Aritmética e a Filosofia, só restaram os inícios, também estes perdidos na biblioteca; mas suponho que estejam na posse de alguém.

7

A MORAL DA IGREJA CATÓLICA E A MORAL DOS MANIQUEUS

Dois livros

7.1 Já batizado, porém estando em Roma, e não podendo tolerar calado a jactância sobre a falsa continência ou abstinência dos maniqueus, pela qual deviam enganar os ignorantes, e se colocavam acima dos verdadeiros cristãos, aos quais não devem ser comparados, escrevi dois livros: um sobre *A moral da Igreja Católica*, e outro sobre *A moral dos maniqueus*.

7.2 Por isso, no livro sobre *A moral da Igreja Católica*, onde coloquei o testemunho no qual se lê: *Por tua causa somos oprimidos todos os dias e somos considerados como ovelhas para o matadouro* (cf. Sl 43,22; Rm 8,36), a incorreção do nosso manuscrito enganou a mim, pouco lembrado das Escrituras, com as quais ainda não estava familiarizado. Ora, os outros manuscritos da mesma interpretação não têm: *por tua causa somos oprimidos*, mas: por tua causa somos ameaçados de morte, expressão que os outros manuscritos disseram com uma única frase: *somos mortificados*. Os livros gregos indicam que esta é a tradução mais correta e desta língua foi feita a tradução para o latim segundo os setenta intérpretes das velhas Escrituras divinas. E, todavia, conforme essas palavras, isto é, *por tua causa somos oprimidos*, discutindo disse muitas coisas que nelas eu não reprovo como falsas. Contudo, nelas não consegui demonstrar satisfatoriamente a concordância das antigas e novas Escrituras que eu desejava demonstrar. Mas disse de onde surgiu o meu erro; nos outros testemunhos, porém, demonstrei a mesma concordância.

7.3 De modo semelhante, pouco depois, pus um testemunho do livro da *Sabedoria* segundo o nosso manuscrito, no qual estava escrito: *A sabedoria ensina a temperança, a justiça e a fortaleza* (Sb 8,7). E segundo essas palavras expus coisas verdadeiras, mas encontradas a partir de uma incorreção. Com efeito, o que é mais verdadeiro do que a sabedoria ensinar a verdade da contemplação, que considerei indicada pelo termo "sobriedade", e a probidade da ação, que eu quis compreender pelas duas outras palavras. "justiça" e "fortaleza", que os manuscritos da mesma interpretação consideram mais corretos: pois ensinam a temperança, assim como a sabedoria, a justiça e a fortaleza? Com efeito, com esses termos, o intérprete latino nomeou aquelas quatro virtudes que costumam estar na boca dos filósofos, a sobriedade, chamada de temperança, a prudência, impondo-lhe o nome de sabedoria, mencionando a fortaleza pelo termo virtude, traduzindo só a justiça por seu nome. Muito tempo depois, encontramos nos manuscritos gregos, no mesmo livro da *Sabedoria,* essas quatro virtudes chamadas com seus nomes, como são chamadas pelos gregos. Igualmente, o que coloquei sobre o livro de Salomão: *Vaidade dos que se envaidecem disse o Eclesiastes,* foi o que li em muitos manuscritos; mas o grego não tem isso, mas tem *vaidade das vaidades* (Ecl 1,2). Contudo, aparece como verdade o que afirmei por ocasião dessa incorreção.

7.4 Mas, o que eu disse: *Amemos antes com amor pleno aquele a quem queremos conhecer,* isto é, a Deus; diria melhor "sincero" do que "pleno", para talvez não se julgar que o futuro amor de Deus não será maior quando o virmos *face a face* (1Cor 13,12). Assim, aceite-se isso, mas entendendo pleno aquilo do qual nada pode ser maior, enquanto caminhamos na fé; pois o amor será mais pleno, e até pleníssimo, mas pela visão. Igualmente, o que disse dos que socorrem os necessitados, porque *são chamados misericordiosos, também quando são tão sábios a ponto de não serem perturbados por nenhuma dor na alma,* não deve ser entendido como se nesta vida existissem tais sábios; de fato, não disse "quando são", mas disse: mesmo que sejam.

7.5 Em outra passagem, eu disse: *Ora, uma vez que este amor humano tenha nutrido e reforçado a alma, e esta, agarrada aos teus seios, esteja em condições de seguir a Deus, e que sua majes-*

tade, dentro daquilo que é possível, começar a abrir-se ao homem enquanto é habitante desta terra, nasce um tal ardor de caridade e, do amor divino, irrompe tal incêndio que destrói, como o fogo, qualquer vício, e restitui ao ser humano a santidade e a pureza e mostra quanto seja digna de Deus a afirmação "Sou um fogo que consuma". Os pelagianos podem supor que eu tenha afirmado ser possível encontrar essa perfeição nesta vida mortal. *Mas, não julguem isso; pois o ardor da caridade, posto em condições de seguir a Deus e tornado tão grande que possa consumir todos os vícios, sem dúvida, pode nascer e se desenvolver nesta vida; mas, pelo fato de ter nascido não pode fazer que no homem não exista um vício e, consequentemente, aqui não pode, embora pelo mesmo ardor da caridade isso se completa, onde pode completar-se e quando pode completar-se, que, assim como o lavacro da regeneração lava o crime de todos os pecadores que o nascimento humano trouxe e a iniquidade contraiu, da mesma forma aquela perfeição lave a mancha de todos os vícios, sem os quais não pode existir a fraqueza humana neste mundo; assim, deve-se entender também o que diz o Apóstolo: Cristo amou a Igreja e por ela entregou a si mesmo, purificando-a no batismo da água pela palavra, para apresentar a si mesmo esta Igreja gloriosa sem mancha nem ruga ou coisa semelhante* (Ef 5,25-27). Pois este é o lavacro com o qual lava-se a Igreja. Mas porque, enquanto está aqui, toda ela diz: *Perdoa-nos as nossas dívidas,* certamente não está aqui *sem mancha nem ruga ou coisa semelhante*; todavia, por aquilo que aqui recebe é levada para a glória e a perfeição que aqui não existem.

7.6 No outro livro, cujo título é: *A moral dos maniqueus,* o que eu disse: *A bondade de Deus ordena todas as criaturas que apresentam falhas que estejam onde melhor possam estar, até que, com movimentos ordenados, possam voltar para aquilo do qual se afastaram.* Essas palavras não devem ser entendidas no sentido que tudo voltará ao ponto a partir do qual se afastou, como pensou Orígenes, mas tudo o que de fato volta. Pois não voltam para Deus, do qual se afastaram, aqueles que são punidos com o fogo eterno, embora aqueles que falharam são ordenados de tal modo que estão ali onde podem estar de maneira conveniente; porque também aqueles que não voltam estão sofrendo um castigo muito conveniente. Em outra passagem, eu disse: *Quase ninguém duvida que os escaravelhos vivem do barro com o qual fizeram bolas e enterraram,* mesmo que muitos duvidem que isso seja verdade e *muitos nem ouviram falar disso.*

Esta obra inicia assim: *In aliis libris satis opinor egisse nos.* [Nos outros livros penso termos tratado suficientemente.]

8

A GRANDEZA DA ALMA

Livro único

8.1 Na mesma cidade de Roma escrevi um diálogo no qual indagavam-se e se discutiam muitas questões sobre a alma, isto é, sua origem, sua natureza, sua grandeza, por que foi dada ao corpo, como se torna quando chega ao corpo e quando o deixa. Mas, porque foi discutido com muito empenho e muita sutileza sobre sua grandeza para mostrar, se pudéssemos, que a grandeza corporal não existe e, todavia, é dotada de grandeza; por essa única investigação o livro recebeu o nome de *A grandeza da alma*.

8.2 Nesse livro, aquilo que eu disse: *Parece-me que a alma trouxe consigo todas as artes e aquilo que chamamos aprender nada mais é que trazer à memória e recordar*; não deve ser entendido como se, por isso, se aprovasse que a alma já tenha vivido neste mundo em outro corpo, ou que, no corpo ou fora do corpo, tenha estado em outro lugar e que, interrogada, responde não ter aprendido aqui, como se tivesse aprendido em outra vida. De fato, pode acontecer, como já o dissemos acima nesta obra, que isso é possível porque é inteligível por natureza e está ligada não só às coisas inteligíveis, mas também às coisas imutáveis, porque criada em tal ordem que quando se move para as coisas às quais está ligada, ou para si mesma, enquanto as vê, responde delas só coisas verdadeiras. Mas, certamente, não trouxe consigo todas as artes, mesmo que as tenha consigo; pois sobre as coisas que se referem aos sentidos do corpo, por exemplo, sobre muitos aspectos da medicina, todas as coisas da astronomia, não tem condições de expor senão aquilo que pôde aprender neste mundo. Mas responde, em base ao que se disse, sobre as verdades captadas unicamente pela inteligência, sempre que corretamente interrogada por si mesma ou por outros quando as coisas lhe forem trazidas à memória.

8.3 Em outro lugar, disse: *Gostaria de dizer muito mais e me impor, enquanto quase te ordeno que nada mais faria senão investigar a mim, a quem me devo, onde percebo que deveria dizer melhor que devo restituir-me a Deus, a quem sobretudo me devo*. Mas, porque o homem deve voltar-se antes para si mesmo, para que, por grau, se levante de si mesmo e seja levado para Deus, assim como aquele filho menor primeiro voltou-se para si e depois disse: *Levantar-me-ei e irei a meu pai* (Lc 15,18), e por isso assim falei, e depois, imediatamente, acrescentei: *E assim, fazer-se amigo, escravo do Senhor*. Portanto, o que disse: "a quem me devo principalmente", referi aos homens; pois devo-me mais a mim do que aos homens, embora mais a Deus do que a mim.

Este livro começa assim: *Quoniam video te abundare otio*. [Porque vejo que dispões de muito tempo livre.]

9

O LIVRE-ARBÍTRIO

Três livros

9.1 Quando ainda morávamos em Roma, quisemos investigar, discutindo, de onde vem o mal. E discutíamos de tal maneira que, se pudéssemos, aquilo que sobre isso acreditávamos, submissos à autoridade divina, a razão considerada e tratada levaria também para a nossa inteligência tudo o que com a ajuda de Deus pudéssemos conseguir pela discussão. E porque, depois de discutir com diligência as razões, concordamos que o mal não apareceu senão pelo livre-arbítrio da vontade e os três livros que a discussão produziu foram chamados *O livre-arbítrio.* O segundo e o terceiro livros, como foi possível, terminei-os na África, tendo já sido ordenado presbítero em Hipona.

9.2 Nesses livros, os temas discutidos eram tantos que, algumas questões incidentes que não pudera resolver ou que, no momento, exigiam uma prolongada explicação, foram adiadas, para que, de ambas as partes ou de todas as partes das mesmas questões, nas quais não aparecia o que estivesse mais de acordo com a verdade, nosso raciocínio, porém, pudesse concluir do modo que, qualquer que fosse a verdade, devia-se crer e demonstrar que Deus devia ser louvado. A discussão foi assumida por aqueles que negam ser o livre-arbítrio da vontade a origem do mal e sustentam que, se é assim, somos obrigados a atribuir a culpa a Deus, criador de todos os seres, querendo desse modo, segundo o erro de sua impiedade (pois são maniqueus), introduzir uma natureza do mal de certo modo imutável e coeterna com Deus. Sobre a graça de Deus, porém, pela qual de tal modo Deus predestinou seus eleitos que preparou as vontades daqueles que entre eles já usavam o livre-arbítrio, nada se discutiu nesses livros conforme a proposta em questão. Mas quando se ofereceu a ocasião de mencionar a graça, foi feita uma menção rápida, como se não se tratasse de um tema a ser defendido com um laborioso raciocínio. Afinal, uma coisa é interrogar-se sobre a origem do mal, outra é perguntar como se volta ao bem primitivo ou se chega a um bem maior.

9.3 Por isso, os novos hereges, os pelagianos, que defendem de tal modo o livre-arbítrio da vontade que não deixam espaço à graça de Deus, quando afirmam que é dada conforme os nossos méritos, não se envaidecem, como se eu tivesse defendido a causa deles, porque nesses livros eu disse muitas coisas em favor do livre-arbítrio que a causa daquela discussão exigia. Realmente, no primeiro livro eu disse: *As más ações são punidas pela justiça de Deus*, e acrescentei: *Mas a punição não seria justa se não fosse cometida voluntariamente*. Igualmente, tendo encontrado que a própria boa vontade é um bem tão grande que ultrapassa os bens corpóreos e externos, eu disse: *Por isso já vês, ao que me parece, que depende de nossa vontade que gozemos ou careçamos de tão grande e verdadeiro bem. Afinal, o que haveria que depende mais de nossa vontade do que a própria vontade?* E em outra passagem, disse: *Que motivo existe para que devamos duvidar, mesmo se antes nunca fomos sábios, já que pela vontade levamos uma vida louvável e feliz e, pela mesma vontade, merecemos e levamos uma vida torpe e miserável?* Igualmente, em outra passagem, disse: *Disso segue-se que quem quer viver correta e honestamente, se sua vontade é pô-la acima de todas as coisas fugazes, conseguirá um bem tão grande com tamanha facilidade que, para conseguir o objetivo de sua vontade, coincidirá como primeiro ato de querer*. Igualmente, em outro lugar, disse: *Ora, aquela lei eterna, a cuja consideração já é tempo de voltar, estabeleceu com decreto imutável que o mérito está na vontade, mas o prêmio e o suplício estão na felicidade e na miséria*. E em outro lugar disse: *O que alguém escolher para seguir e abraçar é estabelecido pela própria vontade*. No segundo livro disse: *De fato, o próprio homem, enquanto homem, é um bem, já que, se o quiser, pode viver corretamente*. E em outro lugar: *Não podemos agir corretamente a não ser com o livre-arbítrio da vontade*. E no terceiro livro disse: *Que motivo existe de perguntar de onde deriva este impulso em consequência do qual a vontade é desviada de um bem imutável para um bem mutável? Não reconhecemos que tal impulso é da alma, voluntário, e, por isso mesmo, culpável e que toda a regra útil sobre isso tem um objetivo preciso que é de desaprovar e firmar aquele impulso e fazer voltar nossa vontade da mutabilidade do que é temporal para a fruição de um bem eterno?* Em outra passagem eu disse: *Ótimo! A verdade clama sobre ti. Pois não poderias sentir nada que está em nosso poder, senão aquilo que fazemos quando queremos. Por isso, nada está mais em nosso poder do que a própria vontade; afinal, ela está completamente e logo à disposição, basta querermos.* Também em outro lugar: *Se és louvado quando percebes o que deves fazer, ainda que não o veja senão naquele que é a verdade imutável, quanto mais se deverá louvar aquele que nos ordenou que o queiramos, ofereceu-nos a possibilidade de fazê-lo e não permitiu que ficasse impune a nossa recusa.* A seguir acrescentei: *Se o dever de cada um tem relação com o que recebeu e se o homem é feito de modo que, necessariamente, deve pecar, seu dever será pecar. Portanto, quando peca, faz o que deve. Mas, já que dizer isso é um delito, segue-se que ninguém é levado, por sua natureza, a pecar.* E ainda: *Enfim, qual poderá ser a causa da vontade que precede a vontade?* De fato, ou a vontade identifica-se com a própria vontade e não se afasta da primeira raiz que é a vontade, ou não é a vontade e, então, não existe pecado. Portanto, ou a vontade é a primeira causa do pecado e não se pode imputar o pecado senão àquele que peca. E pouco depois disse: *Quem peca ao fazer aquilo que, absolutamente, não pode ser evitado? Mas peca-se e, por isso, pode-se evitar.* Desse meu testemunho Pelágio se serviu em algum livro seu; e eu, ao responder-lhe em outro livro, quis que o título do meu livro fosse: *A natureza e a graça.*

9.4 Nessas minhas palavras e em outras semelhantes, porque não foi lembrada a graça de Deus, da qual então se tratava, os pelagianos julgam, ou podem julgar, que nós defendemos a sua posição. Mas, julgam isso em vão. Certamente é a vontade que faz pecar e viver corretamente; este é o sentido dessas palavras. Portanto, a própria vontade só pode ser libertada da servidão pela graça de Deus, porque foi feita escrava do pecado, e não é ajudada a superar os vícios e os mortais não podem viver correta e piedosamente. E se este benefício divino que liberta a vontade não a precedesse, seria dado por seus méritos e já não seria graça, pois ela é dada gratuitamente. Sobre isso tratamos suficientemente em outros opúsculos nossos ao refutar os novos hereges que se declararam inimigos dessa graça, embora também nesses livros, intitulados *O livre-arbítrio*, que de modo algum foram escritos contra eles, pois ainda não existiam, mas contra os maniqueus, não passamos em silêncio esta graça divina que eles pretendem eliminar com uma criminosa impiedade. De fato, no segundo livro dissemos: *Não só os grandes bens, mas também os menores, não podem existir senão por aquele que é a fonte de todos os bens*, isto é, por Deus, e pouco depois disse: *As virtudes, pelas quais vive-se corretamente, são grandes bens. As belezas dos corpos, quaisquer que sejam, sem as quais pode-se viver corretamente, são bens mínimos, mas são força de espírito sem a qual não se pode viver corretamente e são os bens médios.* Ninguém usa mal as virtudes, mas, dos outros bens, isto é, dos médios e dos mínimos, alguém pode fazer bom ou mau uso. E assim, ninguém usa mal a virtude porque a obra da virtude consiste em fazer bom uso dos bens, que também podemos não usar bem, embora ninguém que usa bem possa usar mal. É por isso que a generosidade e a grandeza da bondade divina concederam que existem grandes bens, mas também médios e ínfimos. Sua bondade deve ser louvada mais nos grandes bens do que nos médios, e mais nos médios do que nos ínfimos, mas mais em todos do que se não os tivesse concedido todos. E disse em outro lugar: *Tu, porém, mantém firme a piedade, para que não se apresente à tua sensibilidade, ou à tua inteligência, ou ao teu pensamento, algo que não provenha de Deus.* Igualmente, em outro lugar disse: *Mas, assim como o homem caiu por própria vontade e não pode levantar-se por própria vontade, seguremos com fé segura a mão de Deus que nos é estendida do alto da direita de Deus*, isto é, de nosso Senhor Jesus Cristo.

9.5 No terceiro livro, após dizer que Pelágio fez uso dos meus opúsculos, afirmei: Quem peca ao fazer aquilo que não pode ser evitado? Mas já que se peca, por isso deve-se evitar o que é possível. Mas logo a seguir acrescentei: E, todavia, há ações que são feitas por ignorância, que são reprovadas e que devem ser corrigidas conforme lemos nas divinas Escrituras. Pois o Apóstolo diz: Alcancei misericórdia porque agi por ignorância (1Tm 1,13). Disse também o Profeta: Não te recordes dos delitos da minha juventude e da minha ignorância (Sl 24,7). Também deve ser reprovado o que se faz por necessidade, quando o homem quer agir corretamente e não pode. Pois que fundamento teriam expressões como esta: Não faço o bem que quero, mas faço o mal que não quero (Rm 7,15), e a outra: Não me falta a vontade, mas a possibilidade de fazer o bem (Rm 7,18); e ainda: A carne tem desejos contrários ao espírito e o espírito desejos contrários à carne; estas coisas são contrárias entre si para que não façais o que quereis (Gl 5,17). Mas todas essas coisas pertencem ao homem e provêm daquela condenação à morte. Pois se esta não é uma punição do homem, mas uma natureza, então, nada disso é pecado. E se o homem não se afasta do mesmo modo pelo qual foi naturalmente criado, de modo que não possa ser melhor, quando faz essas coisas, faz o que deve fazer. Mas se o homem for bom, seria diferente. Porém, porque é assim, não é bom nem tem a possibilidade de sê-lo, quer não vendo como deveria ser, quer não veja e não consiga ser como deveria ser. Quem duvidaria que esta é uma punição? Pois toda a punição, se for justa, é punição do pecado e toma o nome de castigo. Mas se é uma punição injusta, pois ninguém duvida que se trate de uma punição, foi imposta ao homem por algum poder injusto. Mas, porque é uma loucura duvidar da onipotência e da justiça de Deus, essa punição é justa e foi imposta por algum pecado. Pois nenhum dominador injusto poderia subtrair o homem sem que Deus o soubesse, ou arrebatá-lo contra a vontade como um incapaz, atormentando-o e violentando-o para afligi-lo com um castigo injusto. Resta, portanto, que este justo castigo venha da condenação do homem. E em outra passagem disse: Sustentar o falso em lugar do verdadeiro, mesmo caindo no erro contra a vontade e não conseguir vencer as ações libidinosas pela dor resistente e atormentadora do vínculo carnal, não é próprio do homem criado, mas é pena de um condenado. Mas, porque falamos da livre-vontade em proceder corretamente, isto é, falamos da vontade em que o homem foi criado.

9.6 Eis que assim discutíamos antes mesmo que a heresia pelagiana existisse, e já discutíamos contra eles. Pois quando dizíamos que todos os bens vêm de Deus, isto é, os grandes, os médios e os ínfimos, nos médios encontra-se o livre-arbítrio da vontade, porque dele pode-se fazer mau uso, mas é tal que sem ele não conseguimos viver corretamente. Seu bom uso, porém, já é uma virtude, que se encontra nos grandes, dos quais ninguém pode fazer mau uso. E porque todos os bens, como se disse, os grandes, os médios e os mínimos, derivam de Deus, conclui-se que de Deus deriva também o bom uso da livre-vontade, que é uma virtude e é enumerada entre os grandes bens. Depois foi dito: A graça de Deus livra-nos da infelicidade, infligida com muita justiça aos pecadores, porque o homem que caiu voluntariamente, isto é, pelo livre-arbítrio, não pode erguer-se. A esta infelicidade de uma justa condenação refere-se a ignorância e a dificuldade da qual é vítima o homem desde o começo do seu nascimento e desse mal ninguém pode libertá-lo a não ser a graça de Deus. Ao negar o pecado original, os pelagianos excluem que esta infelicidade possa provir de uma justa condenação. Todavia, embora essa ignorância e dificuldade estivessem na natureza original do homem, nem assim Deus deveria ser culpado, mas louvado, como no mesmo terceiro livro discutíamos. Esta discussão deve ser dirigida contra os maniqueus, que não aceitam as santas Escrituras do Antigo Testamento, nas quais se narra o pecado original e sustentam que o que se lê nas cartas dos apóstolos foi introduzido com o detestável despudor dos corruptores das Escrituras, como se não tivesse sido dito pelos apóstolos. Contra os pelagianos, porém, deve-se defender aquilo que recomendam ambas as Escrituras, que eles afirmam aceitar.

Esta obra inicia assim: *Dic mihi, quaeso te, utrum Deus non sit auctor mali.* [Dize-me, peço-te, se Deus não é o autor do mal.]

10

O GÊNESIS CONTRA OS MANIQUEUS

Dois livros

10.1 Porém, quando já estava estabelecido na África, escrevi dois livros sobre o *Gênesis contra os maniqueus.* Embora o que discuti nos livros precedentes, onde demonstrei que Deus é o sumo bem e imutável criador de todas as naturezas mutáveis e que nenhuma natureza ou substância é má enquanto natureza ou substância, a nossa intenção era de vigiar contra os maniqueus; todavia, esses dois livros foram escritos precisamente contra eles em defesa da Lei antiga, que eles atacam com uma veemente paixão despertada neles por um louco erro. No primeiro, iniciando por aquilo onde está escrito: *No princípio, Deus criou o céu e a terra* (Gn 1,1), prossegue por sete dias, onde se lê que no sétimo dia Deus descansou. No segundo livro, porém, parte do que está escrito: *Este é o livro da criação do céu e da terra* (Gn 2,4), e continua até que Adão e a mulher foram expulsos do paraíso e foi posto uma guarda em defesa da árvore da vida. Depois, no fim do livro, contrapus a fé da verdade católica ao erro dos maniqueus, completando breve e claramente com aquilo que eles e nós dizemos.

10.2 O que eu disse: *Ora, aquela luz não nutre os olhos das aves irracionais, mas os corações puros daqueles que creem em Deus e se voltam do amor pelas realidades visíveis e temporais para o cumprimento de seus preceitos, o que todos os homens podem fazer, se quiserem.* Mas, não julguem os novos hereges pelagianos que a frase foi dita segundo o que eles entendem. Pois é, absolutamente, verdadeiro que todos os homens podem fazê-lo, se quiserem; mas *sua vontade é preparada pelo Senhor,* e recebe tal incentivo pelo dom da caridade para que possam fazê-lo, o que aqui isso não é dito, porque não era necessário à presente questão. Porém, o que ali se lê, que a bênção do Senhor expressa pelas palavras: *Crescei e multiplicai-vos,* depois do pecado, transformou-se em fecundidade carnal que se deve crer, não estou, absolutamente, de acordo se minhas palavras forem entendidas unicamente no sentido que os homens não teriam filhos se não tivessem pecado. Também não se segue que se deva considerar apenas uma alegoria o fato de que no Livro do Gênesis as ervas verdes e as árvores frutíferas servem de alimento a todo o gênero de animais e a todas as serpentes, porque existem também quadrúpedes e aves que se alimentam só de carne. Pois seria possível que fossem alimentados pelos homens com os frutos da terra se pela obediência com que os homens servem a Deus, sem iniquidade alguma, merecessem ter todos os animais e aves a seu serviço. Igualmente, pode preocupar o que eu disse sobre o povo de Israel: *Aquele povo ainda servia à lei pela circuncisão corporal e pelos sacrifícios como se estivesse no mar dos povos,* visto que entre os povos não podiam oferecer sacrifícios, como vemos que agora permanecem sem sacrifícios, a não ser que se considere um sacrifício a imolação de um cordeiro pela Páscoa.

10.3 Também no segundo livro não me parece adequado quando disse que o termo *sustento* poderia simbolizar a vida, já que os manuscritos de melhor interpretação não trazem o termo *sustento,* mas *feno,* e o termo *feno* adapta-se muito menos do que *sustento* para simbolizar a vida. Além disso, não me parece correto ter chamado palavras proféticas aquelas que estão escritas: *Por que se ensoberbece a terra e a cinza?* (Eclo 10,9), pois no seu livro não se lê de quem estejamos certos de que deve ser chamado profeta. Nem entendi exatamente o sentido da passagem do Apóstolo onde emprega um testemunho do *Gênesis,* dizendo: *O primeiro homem, Adão, foi feito alma vivente* (1Cor 15,45), não entendi como ele queria, quando expus o que está escrito: *Deus inspirou no seu rosto um sopro de vida e o homem foi criado como uma alma viva, ou uma alma vivente* (Gn 2,7). Com efeito, o Apóstolo empregou aquele testemunho para demonstrar que o corpo é animado; eu, porém, julguei que com ele se poderia mostrar que primeiramente o homem foi criado como animal, não só o corpo do homem. Mas, o que disse: *Nenhuma natureza é prejudicada senão por seus pecados,* por isso disse: *Porque quem prejudica um justo, na verdade não prejudica a ele, já que lhe faz aumentar a recompensa no céu,* porém, pecando prejudica a si mesmo, porque pela própria vontade de prejudicar receberá aquilo que prejudicou. Na verdade, os pelagianos podem puxar essa afirmação para seu dogma e, assim, dizer que os pecados alheios não prejudicam as crianças, porque eu disse: *A nenhuma natureza os pecados prejudicam, a não ser os seus,* mas eles não consideram que, afinal, as crianças pertencem à natureza humana, herdam o pecado original, porque nos primeiros homens foi a natureza humana que pecou e, por isso, nenhum pecado, a não ser o seu, pode prejudicar a natureza humana. Certamente, *por um só homem, no qual todos pecaram, entrou o pecado no mundo* (Rm 5,12). De fato, eu não disse que nenhum homem, mas que nenhuma natureza é prejudicada por pecados que não sejam os seus. Igualmente, naquilo que eu disse pouco depois: *Não existe nenhum mal natural,* eles podem procurar um esconderijo semelhante, a não ser que isso seja dito em referência à natureza assim como foi criada no princípio; pois essa é a verdadeira e própria natureza do homem. Nós, porém, servimo-nos do termo natureza em sentido metafórico, para designar o homem como ele é no seu nascimento e, segundo essa expressão, o Apóstolo disse: *Pois uma vez também nós fomos filhos da ira, como todos os outros* (Ef 2,3).

Essa obra começa assim: *Si eligerent Manichaei quos deciperent.* [Se os maniqueus escolhessem a quem enganar.]

11

A MÚSICA

Seis livros

11.1 Depois, como lembrei acima, escrevi seis livros sobre *A música*, o sexto dos quais alcançou maior notoriedade porque nele o assunto foi tratado com digno conhecimento como de números corporais e espirituais, mas mutáveis, pode-se chegar a números imutáveis, que já estão na própria verdade imutável e, assim, *as coisas invisíveis de Deus tornam-se inteligíveis através das criaturas* (Rm 1,20). Os que não podem e, contudo, *vivem pela fé em Cristo* (Rm 1,17; 3,26; Gl 3,11; Hb 10,38) e, depois desta vida, chegam a contemplá-las com mais certeza e felicidade. Mas, os que podem, se lhes faltar a fé de Cristo, que é o único mediador entre Deus e os homens (cf. 1Tm 2,5), perecem com toda a sua sabedoria.

11.2 O que disse naquele livro: *De fato, os corpos são tanto melhores quanto mais harmoniosos forem tais números, a alma, porém, torna-se melhor quando carece dos números que recebe através do corpo, quando se afasta dos sentidos carnais e se restabelece pelos divinos números da Sabedoria;* isso não deve ser entendido como se não houvesse números corporais nos corpos corruptíveis e espirituais, já que são muito mais belos e harmoniosos, ou a alma não os há de sentir quando se tornar ótima como aqui se torna melhor carecendo deles. Aqui, porém, a missão é afastar-se dos sentidos carnais para receber as realidades inteligíveis, porque é fraca e menos capaz de voltar-se com igual intensidade para ambas as realidades; e nessas coisas corporais deve precaver-se das seduções quando a alma pode ser arrastada para o prazer torpe. Mas, então, será tão firme e perfeita que não se apartará dos números corporais para contemplar a Sabedoria e de tal modo os sente que não é seduzida por eles, nem se torna melhor por estar carente deles; mas é tão boa e correta que não podem escondê-la, nem dominar.

11.3 Igualmente, o que afirmei: *Esta saúde alcançará tanta firmeza e segurança quando este corpo for restabelecido em seu tempo e ordem*; não se julgue que disse assim como se, depois da ressurreição, nossos corpos serão mais perfeitos do que os corpos dos primeiros homens no paraíso, quando já não devem ser alimentados com alimentos corporais, com os quais alimentavam-se antes; mas a primitiva estabilidade deve ser entendida no sentido que aqueles corpos não sofrerão mais nenhuma enfermidade, assim como estes não podiam sofrê-la antes do pecado.

11.4 Em outro lugar disse: *Mais laborioso é o amor deste mundo. De fato, o que a alma busca nele, isto é, a constância e a eternidade, não consegue encontrá-las: a beleza daqui encontra seu limite no passar das coisas e o que nele imita a constância é transmitido pelo sumo Deus por meio da alma, enquanto a beleza que muda somente no tempo precede aquela que muda no tempo e no espaço.* A razão evidente defende essas palavras se pudermos entendê-las no sentido que por beleza se entende somente aquela dos corpos dos homens e de todos os animais que vivem com sentido de corpo. Pois com isso imita a constância naquela beleza porque os mesmos corpos permanecem na sua estrutura, enquanto permanecem, mas isso procede do sumo Deus por meio da alma. Certamente, a alma conserva a própria estrutura para que não se dissolva nem se dilua, o que vemos acontecer nos corpos dos animais quando a alma se afasta. Porém, se entendermos a ínfima beleza em todos os corpos, esta afirmação obriga a crer que o próprio mundo seja um animal, para que também nele aquilo que nele imita a constância seja lançado pelo sumo Deus através da alma. Mas, que este mundo seja um ser vivo, como julgaram Platão e muitíssimos outros filósofos, não pude investigar com certeza, nem me consta que possa ser persuadido pela autoridade das divinas Escrituras. Daí o que foi afirmado por mim e que pode ser aceito e que temerariamente anotei no livro sobre *A imortalidade da alma* pode ser interpretado nesse sentido, não porque confirmo que isso seja falso, mas porque não compreendo ser verdadeiro que o mundo seja um animal. Mas, não duvido que uma coisa deva ser tida como certa: que este mundo não é um Deus para nós, quer possua uma alma, quer não a possua; porque se a possui, certamente foi o nosso Deus que a criou, mas se não a possui, este não pode ser um deus de ninguém, muito menos o nosso. Porém, mesmo no caso de o mundo não ser um animal, é perfeitamente legítimo crer que existe uma força espiritual e vital; essa força, que nos santos anjos está a serviço de Deus para dar ordem e beleza ao mundo e que para eles permanece incompreensível. Com a expressão santos anjos, aqui quereria designar toda a santa criatura da ordem espiritual constituída no oculto e misterioso serviço de Deus; mas a santa Escritura não costuma recorrer ao termo *alma* para indicar os espíritos angélicos. Por isso, o que eu disse lá pelo fim desse livro: *Os números racionais e intelectuais das almas bem-aventuradas e santas transmitem até os domínios da terra e dos céus, sem intermediários, a própria Lei de Deus, sem a qual não cai uma folha da árvore e pela qual é fixado o número dos nossos cabelos.* Não vejo como o termo almas possa ser mostrado nas santas Escrituras, já que nesta passagem não entendia referir-me senão aos anjos, a propósito dos quais não me recordo de ter lido nos textos canônicos que tenham uma alma.

Este livro começa assim: *Satis diu pene.* [Quase demasiado longe.]

12

O MESTRE

Livro único

12. No mesmo tempo escrevi um livro, cujo título é: *O mestre*, no qual se discute, indaga-se e se descobre que o único mestre que ensina a ciência ao homem não é outro senão Deus, conforme o que está escrito no Evangelho: *Um só é vosso Mestre, o Cristo* (Mt 23,10).

Este livro começa assim: *Quid tibi videmur efficere velle cum loquimur?* [O que te parece que queremos fazer quando falamos?]

13

A VERDADEIRA RELIGIÃO

Livro único

13.1 Então, escrevi também um livro sobre *A verdadeira religião*, no qual se discute de outros modos e abundantemente que, pela verdadeira religião, deve-se cultuar o único Deus verdadeiro, isto é, a Trindade: Pai, Filho e Espírito Santo, e com quanta misericórdia foi concedida aos homens, mediante a economia temporal, a religião cristã, que é a verdadeira religião e como o homem deva unir-se pela vida ao mesmo culto de Deus. Todavia, esse livro fala, sobretudo, contra as duas naturezas dos maniqueus.

13.2 Em algum lugar desse livro afirmei: *Seja para ti claro e recebido que nenhum erro teria sido possível em religião se, em lugar de seu Deus, a alma não cultuasse uma alma ou um corpo ou suas imaginações.* Aqui coloquei o termo alma para indicar toda a criatura incorpórea, não falando segundo o costume das Escrituras que, quando não usam a palavra alma metaforicamente, não sei se querem entender apenas a alma pela qual vivem os animais mortais, nos quais estão indicados também os homens, enquanto são mortais. Pouco depois, porém, expressei de forma melhor e com mais brevidade o mesmo conceito, onde disse: *Portanto, não sirvamos às criaturas em lugar do Criador, nem nos percamos em nossos pensamentos e a nossa religião é perfeita.* De fato, com o mesmo termo indiquei ambas as criaturas, isto é, a espiritual e a corporal. Resta o que ali disse: *ou suas imaginações*; por isso, aqui disse: *não nos percamos nos nossos pensamentos*.

13.3 Igualmente, o que disse: *Esta é em nossos tempos a religião cristã e conhecendo-a e seguindo-a, obtém-se segura e certis-*

simamente a salvação; isso foi dito segundo o nome, não segundo a própria coisa significada por esse nome. Com efeito, aquela que agora toma o nome de religião cristã existia já entre os antigos e não esteve ausente nem no início do gênero humano até que Cristo veio na carne. Foi então que a verdadeira religião, que já existia, começou a ser chamada cristã. Com efeito, quando depois da ressurreição e da ascensão ao céu os discípulos começaram a pregá-la e muitíssimos creram, primeiro em Antioquia, segundo está escrito, os discípulos foram chamados "cristãos" (cf. At 11,26). Por isso disse: *Esta é nos nossos tempos a religião cristã,* não porque nos primeiros tempos não existiu, mas porque posteriormente tomou esse nome.

13.4 Em outro lugar disse: *Atende, pois, diligente e piedosamente, as coisas que seguem, quanto podes, pois Deus ajuda.* Isso não se deve entender como se Deus ajudasse só os zelosos e piedosos, pois ajuda também os que não o são para que o sejam, isto é, para que o procurem diligente e piedosamente; a estes, porém, ajuda para que o encontrem. Igualmente, em outro lugar, disse: *Pode-se, pois, concluir que, depois da morte corporal, que a devemos pelo primeiro pecado, a seu tempo e segundo sua ordem, o corpo será restituído à sua primitiva estabilidade.* E isso assim deve ser entendido, porque também a primeira estabilidade do corpo, que perdemos pelo pecado, tinha tamanha felicidade que não se inclinava para o defeito da velhice. Portanto, este corpo era restituído à primeira estabilidade na ressurreição dos mortos. Mas terá mais, de modo que não se alimentará de alimentos corporais, mas será suficientemente *vivificado só pelo espírito* (1Pd 3,18), *quando ressuscitar no espírito vivificante* (1Cor 15,45), e então será também espiritual. Mas aquele que foi o primeiro, embora não morreria se o homem não pecasse, todavia, foi feito animal, isto é, como alma vivente.

13.5 Em outro lugar disse: *Agora, o pecado é um mal voluntário e de modo algum é pecado se não for voluntário.* Essa definição pode parecer falsa, mas se for diligentemente examinada se verá que é veríssima. Certamente, deve-se pensar como pecado só aquilo que é pecado, não aquilo que é também punição do pecado, como mostrei acima, quando recordei algumas expressões do terceiro livro sobre *O livre-arbítrio*. Embora também aqueles que com razão são chamados pecados não voluntários, porque perpetrados por ignorância ou coação, em todo o caso não podem ser cometidos sem a vontade, porque mesmo quem peca por ignorância peca pela vontade, enquanto julga ter de fazer o que não se deve fazer. E aquele que *pela violência da carne contra o espírito* (Gl 5,17) não faz aquilo que quer, na verdade deseja-o sem querê-lo e, nesse caso, não faz o que quer, mas se se deixa vencer isso significa que consente voluntariamente à concupiscência e, nesse caso, não faz senão aquilo que quer, não vinculado à justiça e escravo do pecado (Rm 6,20). E aquele que nas crianças é chamado de pecado original, embora elas ainda não tenham o livre-arbítrio da vontade, não é absurdo chamá-lo voluntário, enquanto, uma vez contraído por causa do primeiro mau uso da vontade por parte do homem, de certo modo, tornou-se herdeiro. Por isso, não é falso o que eu disse: *O pecado é um mal tão ligado à vontade que, de modo algum, poderia ser pecado se não fosse voluntário*. Por isso, pela graça de Deus não só é perdoada a culpa dos pecados passados em todos aqueles que são batizados em Cristo, o que acontece pela ação do Espírito da regeneração, mas também nos adultos é sanada a própria vontade e é preparada pelo Senhor, o que se deve ao espírito de fé e de caridade.

13.6 Em outra passagem, na qual o que disse do Senhor Jesus Cristo, que *não fez nada com violência, mas tudo persuadindo e admoestando*, não me ocorrera que expulsou do templo açoitando os vendedores e os compradores (Mt 21,12; Mc 11,15; Lc 19,45). Mas, o que isso significa e qual a sua importância? Embora não tenha expulsado os demônios dos homens contra a vontade dos demônios com palavras persuasivas, mas pela força do seu poder (cf. Mt 9,32; Mc 1,34; Lc 4,35)? Igualmente, em outro lugar disse: *Primeiramente deve-se seguir aqueles que julgam que o único sumo Deus é também o único verdadeiro e o único digno de culto. Se entre eles não reluzisse a verdade, se deveria ir a outro lugar*. Pode parecer que eu tenha falado assim como se duvidasse da verdade dessa religião. Na verdade, usei aquelas palavras porque se adaptavam àquele ao qual me dirigia no momento. Afinal, escrevi assim: *se entre eles a verdade não reluzir*, sem duvidar que entre eles reluziria, como diz o Apóstolo: *Se Cristo não ressuscitou* (1Cor 15,14), mas certamente sem duvidar que Ele ressuscitou.

13.7 Igualmente, o que eu disse: *Não se permitiu que aqueles milagres perdurassem até os nossos tempos para evitar que a alma procurasse sempre sinais visíveis e que o gênero humano, que se exaltara pelo caráter extraordinário daqueles fatos, diminuísse a tensão por causa do hábito*; isso é verdade; hoje já não acontece que, quando se impõe a mão aos batizados, eles recebam o Espírito Santo para falar em línguas a todos os povos (cf. At 2,4; 10,46), ou que os doentes fiquem curados só pela sombra da passagem dos pregadores de Cristo, e se outros milagres aconteceram, então, que depois claramente se vê que cessaram. Mas o que afirmei não se deve entender como se agora se devesse excluir que se verificam os milagres em nome de Cristo. Pois eu mesmo, quando escrevi este livro, cheguei ao conhecimento de que um cego havia recuperado a vista em Milão, próximo aos corpos dos mártires daquela cidade, e sabia de outros fatos que ainda hoje acontecem em grande número que não podemos conhecê-los todos, nem enumerar os que conhecemos.

13.8 E o que eu disse em outra passagem, como diz o Apóstolo: *Toda a ordem vem de Deus* (Rm 13,1); o Apóstolo não disse isso com essas palavras, embora pareça ser essa a afirmação. Na verdade, ele diz: *As coisas que existem foram instituídas por Deus*. E em outro lugar disse: *Ninguém nos engane: aquilo que com justa razão é censurado, é rejeitado por comparação com algo melhor*. A afirmação é dita em relação às substâncias e às naturezas, pois eram objeto de discussão; não as boas ações e os pecados. Igualmente, em outra passagem: *Um homem não deve ser amado por outro homem como os irmãos carnais, os filhos, o cônjuge, ou aqueles que estão entre os parentes, os afins e os concidadãos, pois também este é um amor temporal; e não teríamos nenhuma dessas relações que se originam do nascimento ou da morte se nossa natureza, permanecendo nos preceitos e imagem de Deus, não fosse renegada à corrupção*. Desaprovo totalmente essa posição, como já a reprovei acima no primeiro livro *Gênesis contra os maniqueus*. Pois ela leva a crer que os primeiros esposos, posteriormente, não gerariam homens se não tivessem pecado, como se da união de um homem e de uma mulher devessem, necessariamente, nascer criaturas destinadas à morte. Ainda não havia suposto que pudesse acontecer que não mortais nasceriam de não mortais se, por aquele grande pecado, a natureza humana não se tivesse mudado para pior e, por isso, se a fecundidade e a felicidade permanecessem nos pais e nos filhos até um certo número de santos, que Deus predestinou, e nasceriam homens que não sucedem os pais mortais, mas haveriam de reinar com os viventes. Portanto, existiriam também esses parentescos e afinidades se ninguém tivesse pecado e ninguém tivesse morrido.

13.9 Igualmente em outro lugar disse: *Voltando-nos ao único Deus e religando nossas almas somente a Ele, de onde se julga que deriva o termo religião, abstenhamo-nos de qualquer superstição.* Nessas minhas palavras é expresso o sentido do termo religião que mais me agradava. Mas não me escapa que autorizados estudiosos da língua latina dão a este termo outra origem, supondo que religião seja o que se religa. Este verbo é um composto de *ler*, isto é, eleger, de modo que em latim aparece "religo" como escolho.

Este livro começa assim: *Cum omnis vitae bonae ac beatae via.* [Já que o caminho de toda a vida boa e feliz.]

14

A UTILIDADE DE CRER

A Honorato

Livro único

14.1 Quando já era sacerdote em Hipona, escrevi um livro sobre *A utilidade de crer* a um amigo meu que, enganado pelos maniqueus, sabia que estava ainda preso àquele erro e zombava da disciplina da fé católica, porque obrigava os homens a crerem, mas não recebiam instrução com argumentos certos sobre o que é verdadeiro. Nesse livro disse: *Todavia, naqueles preceitos e mandamentos da lei, os quais não é útil que sejam observados pelo cristão, como o sábado, a circuncisão ou os sacrifícios e outras coisas desse gênero, e estão contidos tão grandes mistérios que qualquer pessoa que tenha sentimento religioso compreende que não existe nada mais danoso do que interpretar à letra, isto é, palavra por palavra, o conteúdo daquelas leis, nada mais salutar do que fazê-lo revelar pelo Espírito. Daí é dito: A letra mata, o espírito, porém, vivifica* (2Cor 3,6). Mas expus de outra forma essas palavras do Apóstolo Paulo e, ao que me parecia, ou melhor, aparece nas próprias coisas, muito mais adequadamente no livro que se intitula *O espírito e a letra*, embora esse sentido não deva ser rejeitado.

14.2 Igualmente disse: *Com efeito, na religião há duas categorias de pessoas dignas de louvor. Uma é a daqueles que já encontraram e que, por isso, é necessário que sejam considerados felicíssimos; a outra é a daqueles que procuram com grande empenho e honestidade. Portanto, os primeiros já estão na posse, os outros estão a caminho, mas certamente chegarão.* Nessas minhas palavras, se aqueles que já encontraram e, como dissemos, já estão na posse, devem ser considerados os mais felizes, não enquanto já o são nesta vida, mas naquela que esperamos e para a qual tendemos no caminho da fé; não há erro nesse sentido. Com efeito, deve-se pensar que quem encontrou o que se deve procurar foram aqueles que já moram onde nós, procurando e crendo, desejamos chegar, isto é, seguindo o caminho da fé. Mas, se julgarmos que eles sejam felizes ou o tenham sido nesta vida, não me parece que a verdade seja esta; e afirmo isso não porque durante esta vida não existe alguma verdade que seja compreensível à nossa mente e não só objeto da fé, mas porque tal verdade, seja qual for, não pode fazer que sejamos felicíssimos. Pois nem o que diz o Apóstolo: *Agora vemos como por um espelho, em enigma* (1Cor 13,12), *agora conheço em parte,* não se vê pela mente; certamente é compreensível, mas ainda não os torna felicíssimos. De fato, o que os torna felicíssimos é expresso pelas palavras: *Mas, então, veremos face a face,* e *Então conhecerei como sou conhecido* (1Cor 13,12). Os que encontraram isso, desses deve-se dizer que estão na posse da felicidade à qual nos conduz o caminho da fé que percorremos e à qual, crendo, desejamos chegar. Mas quem são esses felicíssimos que já estão naquela posse para onde conduz esse caminho, é a grande questão. E quanto aos santos anjos que estão ali, não há questão alguma. Mas, com razão, pergunta-se sobre os santos homens já falecidos, se ao menos podemos dizer que já estão naquela posse, pois já estão libertados do corpo corruptível que pesa sobre a alma, mas ainda aguardam também a redenção do seu corpo (cf. Rm 8,23) e sua carne descansa na esperança (cf. Sl 15,9), mas ainda não resplende na futura incorruptibilidade. Mas este não é o lugar de investigar pela discussão se nada lhes falta para contemplar a verdade com os olhos do coração e, segundo o que foi dito, face a face. Igualmente, o que eu disse: *É felicíssimo saber as coisas grandes, honestas e divinas,* que devemos referir à mesma felicidade. Nesta vida, por mais que se saiba, ainda não existe o máximo de felicidade, porque está incomparavelmente longe o que dela não se sabe.

14.3 E o que afirmei: *Há muita diferença se algo da mente é mantido pela razão certa, que chamamos saber, ou se se deve utilmente confiá-lo à tradição oral e escrita, para que transmita aos pósteros o que se deve crer;* e pouco depois: *Por isso, o que sabemos, devemo-lo à razão, e o que cremos devemo-lo à autoridade; não deve ser entendido de modo que no falar de cada dia tenhamos medo de dizer que sabemos que acreditamos em testemunhas idôneas. Certamente, quando falamos com propriedade, somente dizemos saber o que compreendemos com a razão firme da mente. Mas quando falamos com palavras mais aptas ao costume, como também fala a Escritura divina, não duvidemos de dizer que sabemos também o que percebemos pelos sentidos do nosso corpo e o que acreditamos pela fé em dignas testemunhas; todavia, enquanto entendemos a distância entre este e aquele saber.*

14.4 Igualmente, o que disse: *Ninguém duvida que todos os homens sejam estultos ou sábios.* Isso pode parecer o contrário do que se lê no terceiro livro sobre *O livre-arbítrio: Como se a natureza humana não apresentasse um meio-termo entre a estultice e a sabedoria.* Mas aquilo foi dito ali quando se investigava sobre o primeiro homem, se foi criado sábio ou estulto, ou neutro, pois de modo algum poderíamos chamar de estulto quem foi criado sem vício, já que a estultice é um grande vício; e não aparecia suficientemente como poderíamos dizer que é sábio quem pôde ser seduzido. Por isso, resumidamente, eu quis dizer: *Como se a natureza humana não apresentasse um meio-termo entre a estultice e a sabedoria.* Eu percebia que também as crianças, embora confessemos que contraíram o pecado original, não podemos dizer com propriedade que são sábias ou estultas, porque ainda não usam o livre-arbítrio, quer para o bem, quer para o mal. Agora, porém, afirmei que todos os homens ou são estultos ou sábios, querendo entender que eles já usam a razão pela qual diferem dos animais para serem homens, assim como dizemos que todos os homens querem ser felizes. Ou será que nessa afirmação, tão verdadeira e clara, tivemos medo de que se entendessem também as crianças, que ainda não são capazes de querer?

14.5 Em outro lugar, quando recordava os milagres que o Senhor Jesus fez quando estava na carne, acrescentei dizendo: *Por que, perguntas, esses milagres não se fazem agora?* E respondi: *Porque não causariam admiração se não fossem extraordi-*

nários, e se fossem costumeiros não causariam admiração. Mas disse isso porque agora não se realizam tantos, nem todos, e não porque agora não se realize nenhum.

14.6 Mas no fim do livro disse: *Mas porque este nosso discurso prolonga-se muito mais do que pensava, ponhamos aqui o fim do livro, no qual quero recordar-te que ainda não comecei a refutar os maniqueus e ainda não invadi seus esconderijos, nem abri algo importante sobre a própria Igreja Católica, mas quis apenas extrair de ti, se pudesse, a falsa opinião sobre nós insinuada com malícia e incompetência a respeito dos verdadeiros cristãos e erguer-te para grandes e divinos ensinamentos. Por isso, este volume deve ser assim considerado: quando teu ânimo estiver mais sereno, talvez eu esteja mais disponível para o restante.* Não disse isso como se nada tivesse escrito contra os maniqueus, ou nada tivesse publicado sobre a doutrina católica, já que os outros volumes acima citados sobre ambos os assuntos testemunham que não me calei; mas nesse livro escrito para ele ainda não iniciara a refutar os maniqueus e *ainda não invadira aqueles esconderijos, nem abrira algo importante da própria Igreja Católica,* porque esperava, após ter dado esse início, que haveria de lhe escrever o que ainda não escrevera.

Este livro começa assim: *Si mihi, Honorate, unum atque idem videretur esse.* [Ó Honorato, se me parecesse ser um e o mesmo.]

15

AS DUAS ALMAS

Contra os maniqueus

Livro único

15.1 Depois desse livro, enquanto eu era ainda simples sacerdote, escrevi contra os maniqueus, tratando sobre *As duas almas*, das quais afirmam que uma parte é Deus, a outra procede do povo das trevas, que não foi criada por Deus e que é coeterna com Deus. E, no seu delírio, afirmam que ambas as almas, uma das quais é boa, a outra má, existiam no próprio homem, isto é, afirmam que esta má é própria da carne e dizem que esta carne é também do povo das trevas; a boa, porém, seria da parte que vem de Deus, que lutou contra o povo das trevas e misturou as duas. E atribuem tudo o que é bom no homem à alma boa e tudo o que é mau, à alma má. Nesse livro, o que eu disse: *Não existe vida alguma, qualquer que seja, que pelo fato de ser vida e enquanto é verdadeiramente vida não se ligue à suprema fonte e origem da vida.* Afirmei isso para que se entenda que a vida, enquanto criatura, pertence a seu Criador, mas não se pense que é dele como uma parte dele.

15.2 Igualmente o que disse: *Nunca existe o pecado a não ser na vontade.* Os pelagianos podem pensar que isso foi dito em favor das crianças, às quais negam ter um pecado que lhes seja perdoado no batismo, porque ainda não usam o livre-arbítrio da vontade. Como se o pecado, que originalmente dizemos ter sido contraído por elas de Adão, isto é, implicados na sua culpabilidade e, por isso, sujeitos à pena, nunca pôde existir a não ser na vontade, porque foi cometido pela vontade quando houve a transgressão do preceito divino. Pode-se também julgar que seja falsa a afirmação pela qual dissemos: *Nunca existe pecado a não ser na vontade,* porque diz o Apóstolo: *Porém, se faço o que não quero, já não sou eu que o faço, mas o pecado que habita em mim* (Rm 7,20). De fato, este pecado está tão longe da vontade que induz o Apóstolo a declarar: *Faço aquilo que não quero.* Portanto, como nunca existe pecado a não ser na vontade? Mas este pecado do qual assim falou o Apóstolo toma o nome de pecado porque é feito pelo pecado e é pena do pecado, pois aqui fala-se da concupiscência da carne, o que o Apóstolo esclarece nas palavras seguintes, dizendo: *Porque eu sei que em mim, isto é, na minha carne, não habita o bem. Porque querer o bem encontra-se ao meu alcance, mas não acho o meio de fazê-lo perfeitamente* (Rm 7,18). A perfeição do bem, certamente, consiste no fato de não existir no homem a própria concupiscência do pecado, à qual, quando se vive bem, a vontade não consente. Contudo, não realiza completamente o bem, porque ainda lhe é inerente a concupiscência à qual a vontade se opõe. A culpa ligada à concupiscência é perdoada no batismo, mas permanece a fraqueza, à qual todo o fiel que vive bem resiste com todo o empenho, até ser curado. Mas o pecado, que *nunca existe a não ser na vontade,* deve ser entendido, sobretudo, aquele ao qual segue a justa condenação; na realidade, trata-se daquele que *entrou no mundo por culpa de um só homem* (Rm 5,12). Embora também esse pecado, em consequência do qual se dá consenso à concupiscência do pecado, seja cometido somente pela vontade. Por isso e em outro lugar disse: *Por isso não se peca senão pela vontade.*

15.3 Igualmente, em outro lugar, defini a própria vontade, dizendo: *A vontade é um impulso da alma para não perder ou para conseguir alguma coisa sem coação alguma.* Isso foi dito assim porque com esta definição distingue-se quem quer de quem não quer e, assim, a intenção faça referência àqueles que no paraíso foram os primeiros no gênero humano a dar origem ao mal, sem que ninguém os obrigasse a pecar, isto é, a pecar por livre-vontade, porque também agiram conscientes contra o preceito e aquele tentador persuadiu a fazer, não coagiu. Pois quem pecou por ignorância, com razão, pode-se dizer que pecou de modo inconveniente, embora também aquilo que fez não sabendo, todavia, o fez querendo; assim, nem seu pecado pôde ser sem vontade.

Em todo o caso, esta vontade foi assim definida como um *impulso da alma para não perder ou para conseguir algo sem coação alguma*. Com efeito, se não quisesse, não teria feito aquilo que não foi coagido a fazer. Porque quis, portanto, fez, embora não pecou porque quis, ignorando ser pecado o que fez. Assim, tal pecado não pôde existir sem a vontade, mas pela vontade de fazer, não pela vontade de pecar e, todavia, o que fez foi pecado; pois o que fez não deveria ter feito. Mas quem peca conscientemente se, sem pecar, pode resistir a quem quereria obrigá-lo ao pecado, não faz tal resistência, em todo o caso, peca voluntariamente, porque quem pode resistir não é obrigado a ceder. Mas, quem não pode resistir com sua boa vontade a uma paixão que o obriga e, assim, age contra os preceitos da justiça, isso já é pecado, de modo a ser também pena do pecado. Por isso, é absolutamente verdade que não pode existir pecado sem a vontade.

15.4 E igualmente temos dado a definição de pecado: *Pecado é a vontade de conservar ou conseguir aquilo que a justiça proíbe*. Ela é verdadeira porque se limita a definir só aquilo que é pecado, não também a pena do pecado. Pois quando o pecado é tal que é também pena de pecado, que possibilidade tem a vontade posta sob o domínio da paixão, a não ser, talvez, se for piedosa, que peça ajuda? De fato, é livre tanto quanto foi libertada e só quanto pode ser chamada de vontade. Caso contrário, mais correto seria chamá-la de paixão em vez de vontade, que não é, conforme sem bom-senso dizem os maniqueus, o acréscimo de uma natureza estranha, mas um vício à nossa natureza, do qual não seremos curados senão pela graça do Salvador. Pois se alguém disser que a própria concupiscência nada mais é do que a vontade, mas que é viciada e escrava do pecado, não se deve resistir nem por questão de palavras se existe a realidade. De fato, assim demonstra-se também que sem a vontade não existe nenhum pecado, quer nas obras, quer na origem.

15.5 Além disso, quanto ao que afirmei: *Eu teria podido perguntar se aquela categoria de almas más tivesse tido alguma vontade antes de unir-se ao bem. Porque se não tinha era sem pecado e inocente; portanto, de nenhum modo, má*. Por isso, dizem, por que falar de pecado das crianças, cuja vontade não julgais que seja ré? Responde-se que não são consideradas rés de pecado porque possuem vontade, mas por sua origem. De fato, todo o homem terreno não tem sua origem senão de Adão? Ora, de fato Adão tinha uma vontade e, precisamente, porque pecou por aquela vontade, *por ele o pecado entrou no mundo* (Rm 5,12).

15.6 Igualmente, naquilo que eu disse: *De modo algum as almas podem ser más por natureza*, se se perguntar como entendemos o que diz o Apóstolo: *Éramos por natureza filhos da ira como todos os outros* (Ef 2,3), respondemos que nas minhas palavras eu quis que por natureza se entendesse aquela que se chama natureza em sentido próprio, na qual fomos criados sem vício. Pois esta chama-se natureza por causa da origem e esta origem, certamente, tem um vício que é contra a natureza. E ainda naquilo que é dito: *É suma iniquidade e insânia que se considere alguém réu de pecado por não ter feito o que não podia.* Portanto, por que, dizem, as crianças são consideradas culpadas? Responde-se, o são porque têm sua origem naquele que não fez o que pôde fazer, isto é, observar o mandamento divino. Mas, o que disse: *O que quer que façam aquelas almas, se o fazem por natureza, não pela vontade, isto é, se lhes faltar o livre movimento da alma para fazer e não fazer, enfim, se não lhes for concedida nenhuma possibilidade de abster-se de sua ação, não podemos, de modo algum, considerá-las em pecado* Por isso, a questão sobre as crianças não preocupa, porque sua culpabilidade tem origem naquele que pecou voluntariamente quando lhe faltou o livre impulso da alma para fazer ou para não fazer, e tinha o máximo poder de se abster da obra má. Não é isso que os maniqueus afirmam do povo das trevas, que induzem de maneira muito fabulosa e sustentam que sua natureza sempre foi má e jamais boa.

15.7 Mas, se poderia perguntar em que sentido eu disse: *Embora sejam almas, o que no momento é incerto, estejam dedicadas aos ofícios do corpo, não pelo pecado, mas por natureza e ainda que sejam inferiores tocam-nos por alguma proximidade interior, nem por isso convém considerá-las más, porque nós somos maus quando as seguimos e amamos as coisas corporais.* Disse isso a respeito daquilo que acima comecei a falar, dizendo: *Embora lhes seja concedido que nós somos induzidos a coisas torpes por um outro gênero de almas, nem por isso concluem que aquelas são más por natureza ou que estas constituem um bem.* De fato, sobre elas levei adiante a discussão até onde disse: *Embora sejam almas, o que no momento é incerto, estão dedicadas aos ofícios do corpo, não pelo pecado, mas por natureza etc.* Portanto, pode-se perguntar por que disse: *o que no momento é incerto,* já que não deveria ter duvidado que tais almas não existem. Mas, disse isso por ter tido experiência de que eles dizem que o diabo e seus anjos seriam bons no seu gênero e naquela natureza na qual Deus os criou. Assim, como eles são na sua ordem, para nós seriam um mal se por eles formos excitados e seduzidos, mas motivo de honra e de glória se os evitarmos e vencermos. E aqueles que dizem isso, parece-lhes que podem aduzir testemunhos idôneos das Escrituras para prová-lo: como aquilo que está escrito no Livro de Jó, quando se descreve o diabo: *Esta é a primeira das criaturas do Senhor e a fez para seus anjos se divertirem* (Jó 40,14 - segundo os LXX), ou aquilo que se diz no salmo 103: *Esse monstro que formaste para brincar com ele* (Sl 103,26). Esta questão, porém, que não deveria tratar contra os maniqueus, que não pensam nisso, mas contra os outros que são dessa opinião, não quis abordá-la e resolvê-la então para evitar que o livro se tornasse muito mais longo do que queria, pois, via também, se isso fosse considerado, que os maniqueus deviam e já poderiam ser convencidos de que introduzem o insaníssimo erro que a natureza do mal é coeterna com o eterno bem. Assim, portanto, afirmei *o que no momento é incerto,* não porque pessoalmente duvidasse disso, mas porque entre mim e eles que pensavam assim a questão ainda não estava resolvida; resolvi-a, porém, na base das santas Escrituras, da maneira mais clara que pude, nos outros livros meus, escritos muito tempo depois sobre o *Comentário literal ao Gênesis.*

15.8 Em outro lugar disse: Por isso, pecamos ao amar as coisas corporais, porque a justiça nos ordena e pela natureza podemos amar as coisas espirituais, e é então que no nosso gênero somos perfeitos e felizes. Aqui pode-se perguntar por que podemos por natureza e não por graça. Mas, contra os maniqueus, tratava-se da questão sobre a natureza. E, certamente, a graça age de modo que, curada a natureza, porque viciada não pode, possa fazê-lo por aquele que veio buscar e salvar o que perecera (Lc 19,10; Mt 18,11). Todavia, recordando, então, essa graça, orei por meus familiares mais próximos que ainda estavam presos àquele erro mortal, e disse: Deus grande, Deus onipotente, Deus de suma bondade, em quem é necessário crer como inviolável e imutável, Unidade Trina, que a Igreja Católica cultua, suplicante peço-te que, tendo experimentado em mim a tua misericórdia, não permitas que os homens, com os quais desde a minha infância mantive o máximo consenso em toda a convivência, divirjam de mim no teu culto. Certamente, orando assim, já retinha pela fé que não só os que se voltam para Deus são ajudados por sua graça para progredir e serem perfeitos, já que se pode dizer que essa graça é dada por merecimento de conversão deles, mas também faz parte da mesma graça que se convertam a Deus, pois orei por eles que estavam muito afastados dele e orei para que se convertessem a Ele.

Este livro começa assim: *Opitulante Dei misericordia*. [Com a ajuda da misericórdia de Deus.]

16

ATAS CONTRA O MANIQUEU FORTUNATO

Livro único

16.1 Sempre no tempo do meu sacerdócio disputei contra Fortunato, um certo sacerdote dos maniqueus, que vivera muito tempo em Hipona e havia seduzido tantas pessoas que, por causa delas, gostava de morar ali. Essa discussão, enquanto nós debatíamos, foi registrada por estenógrafos, que elaboravam como que atas, pois fazem constar o dia e os cônsules. Procuramos mandar recolhê-las num livro de memórias. Ali, a questão versava sobre a origem do mal; eu afirmava que o mal do homem tem origem no livre-arbítrio da vontade; ele, porém, esforçava-se por persuadir que a natureza do mal é coeterna com Deus. Mas, no dia seguinte, confessou que não encontrava nada para opor-se a nós. Certamente, não se tornou católico, mas afastou-se de Hipona.

16.2 Nesse livro, o que afirmei: *Digo que a alma foi criada por Deus como todas as outras coisas que foram criadas por Deus; entre os seres que o onipotente Deus criou o lugar principal foi dado à alma*; falei assim para que a minha afirmação se entendesse como referida a todas as criaturas racionais, embora, como dissemos acima, nas santas Escrituras nada se fala, em absoluto, de almas em referência aos anjos e é difícil encontrar lá uma menção. Em outra passagem disse: *Afirmo que não existe pecado se não se peca por própria vontade.* Mas ali por pecado eu quis entender só aquilo que não é também pena do pecado: de fato, de tal punição falei em outro lugar da discussão o que devia dizer. Igualmente disse: *Para que depois essa mesma carne, que nos tem atormentado e feito sofrer quando estávamos em pecado, seja sujeita a nós no momento da ressurreição e não nos perturbe com alguma ação contrária que nos impeça de observar a lei e os preceitos de Deus.* Isso, porém, não deve ser entendido como se no Reino de Deus, no qual teremos um corpo incorruptível e imortal, deva-se tirar a lei e os preceitos das divinas Escrituras; mas porque ali a lei eterna será perfeitamente observada e, por conseguinte, respeitaremos os dois preceitos do amor a Deus e ao próximo (cf. Mt 12,30; Lc 10,27), não por tê-los lido, mas no próprio perfeito e eterno amor.

Esta obra começa assim: *Quinto Kalendas Septembris, Arcadio Augusto bis et Rufino, viris clarissimis, consulibus.* [No dia primeiro de agosto do ano em que eram cônsules Arcádio Augusto, pela segunda vez, e Rufino, homens de muito respeito.]

17

A FÉ E O SÍMBOLO

Livro único

17. Na mesma época, por encargo dos bispos que realizavam em Hipona o concílio plenário de toda a África, diante deles discuti, como presbítero, sobre *A fé e o símbolo*. Depois, por insistência de alguns deles, que me amavam com mais familiaridade, passei essa disputa para um livro, no qual se trata dos mesmos assuntos, mas sem recorrer ao contexto da palavra que é entregue aos competentes para que a memorizem. Nesse livro, quando se tratou da ressurreição da carne, disse: *Segundo a fé cristã, que não pode enganar, o corpo ressurgirá. A quem isso parece incrível, não considera a carne no seu estado atual, nem como será no futuro, porque naquele tempo da transformação angélica já não será carne e sangue, mas somente corpo;* e as outras coisas que ali dissertei sobre a transformação dos corpos terrestres em corpos celestes, porque o Apóstolo, ao falar disso, afirmou: *A carne e o sangue não podem possuir o Reino de Deus* (1Cor 15,50). Mas quem entender essa frase no sentido de pensar que o corpo terreno, como o temos agora, de modo a não ter mais esses membros nem a futura substância da carne, sem dúvida, deve ser corrigido, recordado do corpo do Senhor que, depois da ressurreição, apresentou-se não só à vista, mas também ao tato nos mesmos membros e garantiu que também tinha uma carne, dizendo: *Apalpai e vede, porque um espírito não tem carne nem ossos, como vedes que eu tenho* (Lc 24,39). Disso segue que o Apóstolo não negou que no Reino de Deus haverá a substância da carne, mas chamou carne e sangue os homens que vivem segundo a carne, ou a própria corrupção da carne que, então, já não terá razão de existir. Pois quando disse:

A carne e o sangue não possuirão o Reino de Deus, bem se compreende como expondo o que diria logo a seguir acrescentou: *Nem a corrupção herdará a incorruptibilidade* (1Cor 15,50). Sobre esse assunto, que é difícil de convencer os infiéis, já discuti com o maior empenho que pude, como poderá constatar quem ler o último livro de *A cidade de Deus*.

Este livro começa assim: *Quoniam scriptum est*. [Porque está escrito.]

18

LIVRO INCOMPLETO SOBRE A INTERPRETAÇÃO LITERAL DO GÊNESIS

Livro único

18. Tendo já escrito dois livros sobre o *Gênesis contra os maniqueus,* pelo fato de ter interpretado segundo a significação alegórica da Escritura, não ousei expor literalmente tantos mistérios relativos à natureza, isto é, como podiam ser interpretados segundo a propriedade histórica o que ali foi dito, eu quis experimentar o que eu podia nessa obra, realmente trabalhosa e muito difícil; mas, meu tirocínio em expor as Escrituras sucumbiu sob o peso de tamanho fardo que não podia sustentar e, sem chegar ao fim de um livro, pus fim ao meu trabalho. Mas, nessa obra, quando retratava os meus opúsculos, também este, imperfeito como era, caiu-me nas mãos, mas não a publicara e havia decretado suprimi-la, porque depois escrevi doze livros, cujo título é *Comentário literal ao Gênesis.* Embora neles se encontrem muitas coisas mais questionadas do que resolvidas, todavia, este não pode ser comparado àqueles. Porém, depois que fiz a revisão, eu quis que este livro permanecesse, para ser testemunho não inútil, assim penso, dos meus rudimentos na explicação e no aprofundamento das palavras divinas e quis que seu título fosse: *Livro incompleto sobre a interpretação literal do Gênesis.* Na verdade, encontrei-o ditado até as palavras: *O Pai é somente o Pai e o Filho nada mais é senão o Filho; e ainda quando é chamado semelhança do Pai, embora mostre que não há nenhuma dessemelhança, todavia, não é só o Pai, pois tem semelhança.* Depois dessas palavras repeti aquelas da Escritura para considerá-las e tratá-las de novo: *E Deus disse: Façamos o*

homem à nossa imagem e semelhança (Gn 1,26). Aqui deixara o ditado, deixando o livro imperfeito. Mas aquilo que ali segue julguei que devia acrescentar quando fiz a retratação; mas nem assim o terminei e deixei-o imperfeito, mesmo com o acréscimo. De fato, se o terminasse teria disputado ao menos sobre todas as obras e palavras de Deus que se referem ao sexto dia. Nesse livro, pareceu-me supérfluo notar as coisas que me desagradam ou defender aquelas que, não bem-entendidas, podem desagradar aos outros. Brevemente, porém, advirto que leiam antes aqueles doze livros que escrevi muito tempo depois, como bispo, e por aqueles se julgue este livro.

Este livro começa assim: *De obscuris naturalium rerum, quae omnipotente Deo artífice facta sentimus, non affirmando sed quaerendo tractandum est.* [Deve-se tratar dos mistérios dos fenômenos naturais que percebemos ser obra do onipotente e artífice Deus, não fazendo afirmações, mas pondo problemas.]

19

O SERMÃO DO SENHOR NA MONTANHA

Dois livros

19.1 Na mesma época, escrevi dois volumes sobre *O sermão do Senhor na montanha,* segundo Mateus. No primeiro dos livros, porque está escrito: Bem-aventurados os pacíficos porque serão chamados filhos de Deus, disse: A sabedoria convém aos pacíficos, nos quais todas as coisas já estão em ordem e não existe nenhum impulso contra a razão, mas tudo obedece à consciência do homem, já que ele próprio obedece a Deus. Isso, com justiça, preocupa pelo modo como o disse. Com efeito, a ninguém pode acontecer nesta vida simplesmente que não exista em seus membros uma lei que se oponha à lei da mente (cf. Rm 7,23). E embora o espírito do homem resista de modo a não cair em nenhum consenso, nem por isso o contrariaria. Portanto, o que foi dito: Não há nenhum impulso contra a razão rebelde, só pode ser aceito enquanto aqueles que promovem a paz, domando a concupiscência da carne, comportam-se assim até chegar plenamente àquela paz.

19.2 Depois, em outro lugar, quando repetindo a própria afirmação angélica, disse: Bem-aventurados os pacíficos porque serão chamados filhos de Deus, acrescentei dizendo: E na verdade, essas coisas podem ser realizadas nesta vida, como cremos que tenham sido realizadas nos apóstolos. Mas isso não deve ser entendido no sentido que os apóstolos durante esta vida não tenham experimentado nenhum impulso carnal que repugnasse ao espírito, mas cremos que estas coisas podem acontecer aqui, como cremos que tenham acontecido nos apóstolos, isto é, na medida da perfeição humana que pode haver nesta vida. Com efeito, não está dito:

Essas coisas podem acontecer nessa vida, pois cremos que se realizaram nos apóstolos, mas foi dito: Como cremos que se realizaram nos apóstolos, esperando que se realize como já se realizou neles com o grau de perfeição de que é capaz esta vida; não como deverá realizar-se na plenitude da paz pleníssima, quando é dito: Ó morte, onde está a tua vitória? (1Cor 15,55).

19.3 Em outro lugar, quando apresentei o testemunho: Deus não dá o espírito por medida (Jo 3,34), ainda não havia compreendido que com mais propriedade isso se referia a Cristo. Na verdade, se aos outros homens o espírito não fosse dado por medida, Eliseu não teria pedido o dobro daquele espírito que foi dado a Elias (cf. 2Rs 2,9). Igualmente, quando está escrito: Não passará um só jota ou um só ápice da lei sem que tudo se cumpra (Mt 5,18), quando o expus, disse: Não pode ser entendido de outra forma senão como uma veemente expressão da perfeição. Com razão, aqui se pergunta se esta perfeição pode ser entendida no sentido que seja verdade que ninguém, no uso do arbítrio da vontade, vive aqui sem pecado. De fato, quem pode observar completamente a lei até o ápice senão aquele que pratica todos os mandamentos divinos? Mas entre os mandamentos está também aquele que manda dizer: Perdoai-nos as nossas ofensas assim como nós perdoamos aos que nos têm ofendido (Mt 6,12), uma oração que toda a Igreja reza até o fim do mundo. Portanto (Mt 23,3), consideram-se cumpridos todos os mandamentos quando é perdoado tudo o que não se faz.

19.4 Na verdade, o que o Senhor disse: Aquele pois que violar um desses mandamentos mais pequenos e ensinar assim (Mt 5,19) etc. até a passagem onde diz: Se a vossa justiça não for maior do que a dos escribas e dos fariseus não entrareis no Reino dos Céus (Mt 5,20), expus melhor e de modo mais conveniente em outros meus sermões posteriores, o que seria muito longo refazer aqui. O sentido a ser dado aqui leva a concluir que a justiça maior do que a dos escribas e fariseus é a daqueles que dizem e fazem. Ora, dos escribas e fariseus, em outro lugar, o Senhor diz: Dizem e não fazem (Mt 23,3). Compreendemos isso melhor depois, quando está escrito: Quem se irar contra seu irmão (Mt 5,22). Os códices gregos não trazem sem motivo como aqui está posto, embora o sentido seja o mesmo. De fato, dissemos aquilo intuindo o que significa irar-se contra seu irmão, porque não se irrita contra o irmão quem se irrita contra o pecado do irmão. Portanto, quem se irrita contra o irmão e não se irrita contra o pecado, irrita-se sem motivo.

19.5 Igualmente o que disse: Isso deve ser entendido também quanto ao pai, à mãe e aos outros vínculos consanguíneos para que neles odiemos aquilo que o gênero humano obteve com o nascimento e com a morte, soa como se não existissem esses parentescos se ninguém morresse por nenhum pecado precedente da natureza humana; porém já desaprovei acima esse sentido. De fato, tais parentescos e afinidades não existiriam embora não houvesse nenhum pecado original e o gênero humano crescesse e se multiplicasse sem ter de morrer. E por isso, a questão que deve ser resolvida de outro modo é: Por que o Senhor ordenou que amássemos os inimigos (cf. Mt 5,44; Lc 6,27), já que em outro lugar ordenou que odiássemos os pais e os filhos? (cf. Mt 10,37; Lc 14,26). A solução não é aquela que se lê nesta obra, mas aquela muitas vezes proposta mais tarde, isto é, que amemos os inimigos para lucrá-los para o Reino de Deus, e odiemos os parentes que impedem chegar ao Reino de Deus.

19.6 Igualmente sobre o preceito pelo qual se proíbe repudiar a mulher a não ser por motivo de fornicação, discuti aquilo com muito empenho. Mas, a que fornicação o Senhor quis se referir, para que por ela seja lícito repudiar a mulher? Trata-se daquela que é condenada por adultérios, ou daquela da qual está escrito: Aniquilaste todos os que te são infiéis (Sl 72,27), na qual está contida também a primeira (pois não se pode dizer que não fornique longe do Senhor quem toma os membros de Cristo e os faz membros da prostituta (1Cor 6,15) e é assunto para se pensar e investigar sempre de novo. Mas não quero que em questão tão importante e de tão difícil compreensão o leitor pense ser suficiente o que aqui foi discutido por mim; mas leia também as outras coisas, seja as nossas, que escrevi mais tarde, seja as mais meditadas e melhor conduzidas em tratados de outros; ou, se puder pessoalmente considerar com a maior atenção e penetração possível o que aqui se disse sobre o tema, pode com justiça estimular seu espírito crítico. Não porque todo o pecado seja fornicação (pois nem todo aquele que peca perde a Deus que diariamente ouve os seus santos que dizem: Perdoai-nos as nossas ofensas (Mt 6,12), já que perde todo aquele que fornica longe dele), mas como deva ser entendida e delimitada essa fornicação e se também por causa dela é lícito repudiar a mulher é uma questão muito obscura. Todavia, não há dúvida de que o repúdio seja lícito no caso de fornicação cometida na impureza. E onde disse: O repúdio é permitido, mas não ordenado, não havia prestado atenção a outra palavra da Escritura que diz: Aquele que retém a adúltera é um insensato e um ímpio (Pr 18,22). Na verdade, nem diria que possa ser considerada adúltera aquela mulher depois que ouviu do Senhor: Nem eu te condeno; vai e, de agora em diante, não peques mais (Jo 8,11), se ouviu isso de maneira obediente.

19.7 Em outro lugar, o pecado mortal do irmão, de que fala o Apóstolo João: Não digo que alguém reza por ele (1Jo 5,16), eu o defini dizendo: Penso que é mortal o pecado do irmão, já que depois do conhecimento de Deus pela graça de nosso Senhor Jesus Cristo alguém rejeita a fraternidade e, por instigação da inveja, agita-se contra a própria graça pela qual é reconciliado com Deus. Isso, porém, não confirmei, pois disse que era uma opinião; mas tive de acrescentar: sempre que tiver concluído sua vida nesta criminosa perversidade da mente, pois não se deve perder a esperança a respeito da pior pessoa que exista nesta vida, nem se reza de maneira imprudente por aquele de quem não se desespera.

19.8 No segundo livro disse: A ninguém será lícito ignorar o Reino de Deus, já que seu Unigênito veio do céu no homem do Senhor para julgar os vivos e os mortos não só inteligivelmente, mas também visivelmente. Mas não vejo se corretamente se chame homem do Senhor aquele que é Mediador entre Deus e os homens, o homem Jesus Cristo (1Tm 2,5), dado que Ele é o Senhor. Mas, quem na sua santa família não pode ser chamado homem do Senhor? E para dizer isso li em alguns comentaristas católicos das palavras divinas. Mas onde disse isso não gostaria de tê-lo dito. Na verdade, depois percebi que não se deve dizer assim, embora possa ser defendido com alguma razão. Da mesma forma o que disse: Quase não há ninguém cuja consciência possa odiar a Deus, percebi que não devia dizer, pois existem muitos de quem está escrito: A soberba daqueles que te odiaram (Sl 73,23).

19.9 Em outra passagem na qual eu disse: O Senhor disse que: A cada dia basta o seu cuidado, isto é, basta que a própria necessidade urja que se assumam essas coisas e julgo que precisamente por isso considerou-a um cuidado, porque para nós é algo que causa pena: afinal, faz parte dessa fraqueza e mortalidade que merecemos pelo pecado. Mas não havia percebido que também aos primeiros homens, no paraíso, foram dados alimentos corporais, antes de, com o pecado, merecerem a morte como punição. Eram, pois, mortais no corpo, que ainda não era espiritual, mas animal e, todavia, na própria imortalidade usavam alimentos corporais. Igualmente quando eu disse que Deus escolheu para si a Igreja gloriosa sem mancha e sem ruga (Ef 5,27), não disse assim porque agora fosse assim em toda a parte, embora não duvidasse que era escolhida para isso, para ser assim quando Cristo, sua vida, aparecesse (Cl 3,4), então, também ela aparecerá com Ele na glória e por causa dessa glória foi chamada Igreja gloriosa. Igualmente o que o Senhor diz: Pedi, e vos será dado; buscai e achareis; batei e vos será aberto (Mt 7,7), na verdade julguei que devia explicar em que se diferenciam estas três coisas; mas é muito melhor referi-las a uma insistente petição. É o que mostrou quando concluiu tudo com a mesma palavra, dizendo: Quanto mais vosso Pai Celeste dará coisas boas aos que lhe pedirem (Mt 7,11), não disse aos que pedem, aos que buscam, aos que batem.

Este livro começa assim: *Sermonem quem locutus est Dominus*. [O sermão que o Senhor pronunciou.]

20

SALMO CONTRA O PARTIDO DE DONATO

20. Querendo que a questão dos donatistas viesse ao conhecimento do povo mais humilde e, sobretudo, dos ignorantes e iletrados e que, enquanto fosse possível, se imprimisse na sua memória, compus um *Salmo* que lhe fosse cantado, seguindo as letras latinas, mas só cheguei até a letra V. Tais versos chamam-se *abecedários.* Na verdade, omiti as três últimas letras, mas em seu lugar acrescentei uma espécie de epílogo, como se a mãe Igreja lhes falasse. O refrão, que se repete, e o proêmio da causa, que simplesmente não se cantava, não seguem a ordem das letras; na verdade, sua ordem começa depois do proêmio. Mas não quis fazer outra espécie de gênero poético para não me ser necessária a métrica, que me obrigasse a empregar palavras menos usadas pelo povo.

Este salmo começa assim: *Omnes qui gaudetis de pace, modo verum iudicate, quod eius hypopsalma est.* [Todos vós que gozais da paz, julgai ao menos a verdade, que é o seu refrão.]

21

CONTRA A CARTA DO HEREGE DONATO

Livro único

21.1 Sempre no tempo do meu sacerdócio, escrevi um livro *Contra a carta de Donato*, do partido donatista que, depois de Maiorino, foi o segundo bispo de Cartago; nessa carta ele diz que se crê que o batismo de Cristo esteja expresso na comunhão com Ele, a que nesse livro nos opusemos. Em algum lugar dele, falando do Apóstolo Pedro, disse que *sobre ele, como numa pedra, foi fundada a Igreja*, e esse sentido é também cantado por boca de muitos nos versos do beatíssimo Ambrósio, onde do galo diz: *Ele mesmo, pedra da Igreja que canta, lavou a culpa* (Ambrósio, *Hino* 1). Mas sei que depois muitíssimas vezes expus assim o que foi dito pelo Senhor: *Tu és Pedro e sobre esta pedra edificarei a minha Igreja* (Mt 16,18; Jo 1,42) e sobre isso entendi aquilo que Pedro confessou, dizendo: *Tu és o Cristo, filho de Deus vivo* (Mt 16,16; Jo 6,69), e assim Pedro, recebido o nome dessa pedra, representará a pessoa da Igreja, que está edificada sobre essa pedra e recebeu as chaves do Reino dos Céus (Mt 16,19). De fato, a ele não foi dito: Tu és pedra, mas: *Tu és Pedro. A pedra, porém, era Cristo* (1Cor 10,4); e por tê-lo testemunhado, como o testemunha toda a Igreja, Simão foi chamado Pedro. O leitor escolha qual dessas duas afirmações é a mais provável.

21.2 Em outro lugar disse: *Deus não busca a morte de ninguém*, o que deve ser entendido assim porque o homem adquiriu a morte para si ao abandonar a Deus e a adquire quem não recorre a Deus, segundo o que está escrito: *Deus não fez a morte* (Sb 1,13). Mas também não é menos verdade que: *A vida e a morte vêm de Deus* (Eclo 11,14), que concede a vida como dom e a morte como vingança.

21.3 Em outra passagem disse: *Donato* – cuja carta eu refutava – *pediu que o imperador concedesse bispos de ultramar como juízes entre ele e Ceciliano.* Mas é mais provável que quem propôs isso não foi ele, mas outro Donato, embora do mesmo cisma. Ele, porém, não era o bispo donatista de Cartago, mas de Casis Nigris que, todavia, foi o primeiro que em Cartago praticou este ímpio cisma. Além disso, não foi, certamente, Donato de Cartago a estabelecer que os cristãos devessem ser rebatizados, como eu pensava ao responder à sua carta. Também não foi ele que tirou do meio de uma expressão do Eclesiástico as palavras necessárias ao seu objetivo, onde está escrito: *Quem é batizado por um morto e de novo o toca, de que lhe adianta lavar-se?* (Eclo 34,30). Mas ele pôs como se estivesse escrito: *Quem é batizado por um morto, de que lhe adianta lavar-se.* Nós, porém, antes de existir o partido de Donato, constatamos depois que muitos códices, sobretudo africanos, não tinham no meio: *e de novo o toca.* Se soubesse disso, não teria pronunciado tantas acusações contra ele, como se se tratasse de um ladrão ou de um profanador da palavra divina.

Este livro começa assim: *Abs te ipso praesente audieram.* [Ouvira de ti pessoalmente.]

22

CONTRA ADIMANTO, DISCÍPULO DE MANIQUEU

Livro único

22.1 No mesmo tempo, caíram-me nas mãos algumas *Disputações de Adimanto,* que fora discípulo dos maniqueus e neles escreveu contra a Lei e os Profetas, tentando demonstrar que eram contrários aos evangelhos e aos escritos dos apóstolos. Portanto, respondi-lhe colocando as palavras dele e dando-lhe a minha resposta. Concluí essa obra num único volume e nele respondi a algumas questões não uma vez, mas novamente, porque aquilo que respondera antes se perdeu e agora foi encontrado, quando já respondi novamente. Por certo, resolvi algumas dessas questões em sermões dirigidos ao povo na igreja. A algumas questões não respondi; outras permaneceram, outras ficaram de lado por causa de outros assuntos mais urgentes, mas deve-se acrescer também o meu culposo esquecimento.

22.2 Nesse livro, então, eu disse: *De fato, aquele povo que recebeu o Antigo Testamento, antes mesmo da vinda do Senhor, mantinha-se por algumas sombras e figuras da realidade, segundo uma admirável e ordenadíssima distribuição dos tempos; todavia, nele existe tanta pregação e anúncio do Novo Testamento que nada se encontra na doutrina evangélica e apostólica, apesar dos difíceis e divinos preceitos e promessas que faltam também nos livros antigos.* Mas tive de acrescentar um *quase* e dizer: *Que quase nada se encontra na doutrina evangélica e apostólica, apesar dos difíceis e divinos preceitos e promessas que lhes faltam também nos livros antigos.* Com efeito, que sentido tem aquilo que diz o Senhor no sermão evangélico na montanha: *Ouvistes que foi dito aos antigos... pois eu vos digo* (Mt 5,21-22), se Ele nada mais ordenou do que aquilo que lhes foi ordenado naqueles livros antigos? Depois, não lemos que àquele povo tenha sido prometido o Reino dos Céus naquilo que foi prometido pela Lei dada por Moisés no Monte Sinai, que isso é chamado propriamente Antigo Testamento, que o Apóstolo diz estar prefigurada na escrava de Sara e seu filho (Gl 4,22-23); mas ali está prefigurado também o Novo Testamento, pela escrava de Sara e de seu filho. Por isso, se forem examinadas as figuras, ali estão profetizadas todas as coisas que são apresentadas ou se esperam que sejam realizadas por Cristo. Todavia, por causa de alguns preceitos não figurados, mas próprios, que não se encontram no Antigo Testamento, mas no Novo, se deveria dizer, com mais cautela e moderação que *quase nenhum preceito,* e não que *nenhum preceito* possa se encontrado no Novo que não esteja também no Antigo, embora ali estejam os dois preceitos do amor a Deus e ao próximo, aos quais se referem os ensinamentos da Lei, dos Profetas, do evangelho e dos apóstolos.

22.3 Igualmente aquilo que eu disse: *Nas santas Escrituras entende-se o nome dos filhos de três modos;* isso foi dito de forma menos refletiva. Com efeito, certamente omitimos alguns outros modos, assim, diz-se *filho da geena* (Mt 23,15) e *filho adotivo* (Rm 8,15; Gl 4,5), mesmo que não seja dito segundo a natureza, nem segundo a doutrina, nem segundo a imitação. Desses três modos, como se fossem os únicos, aduzi exemplos: segundo a natureza, como os judeus são *filhos de Abraão* (Jo 8,37), segundo a doutrina, como o Apóstolo chama seus filhos aqueles aos quais ensinou o evangelho (1Cor 4,14-15), segundo a imitação, como nós somos *filhos de Abraão,* de quem imitamos a fé (Gl 3,7). Mas o que disse: *Quando o homem se revestir de incorruptibilidade e de imortalidade já não existirá nem carne nem sangue* (1Cor 15,54) foi dito que segundo a corrupção carnal não haverá carne futura, segundo a substância, segundo a qual, depois da ressurreição, o corpo do Senhor foi chamado carne (Lc 24,39).

22.4 Em outra passagem disse: *Se alguém não mudar a vontade não pode praticar o bem,* o que em outra passagem ensina que depende de nós, onde diz: *Ou dizei que a árvore é boa e seu fruto é bom; ou dizei que a árvore é má, e seu fruto é mau* (Mt 12,33). Isso não é contra a graça de Deus que nós pregamos. Na verdade, está no poder do homem mudar a vontade para melhor; mas essa vontade não é nada senão foi dada por Deus, do qual foi dito: *Deu-lhes o poder de se tornarem filhos de Deus* (Jo 1,12). Pois já que está em nosso poder fazer o que queremos, nada está mais em nosso poder do que a própria vontade, mas *a vontade é preparada pelo Senhor* (Pr 8,35 - segundo os LXX). Portanto, desse modo dá o poder. Assim deve ser entendido também o que disse depois: *Está em nosso poder que mereçamos ser inseridos na bondade de Deus ou ser cortados por sua severidade*, porque em nosso poder não está senão aquilo que seguimos com a vontade e se esta, por sua vez, foi preparada e tornada forte e potente pelo Senhor, também uma obra de piedade que inicialmente é difícil e impossível, depois torna-se fácil de ser cumprida.

Este livro começa assim: *De eo quod scriptum est: In principio fecit Deus caelum et terram.* [A partir daquilo que está escrito: No princípio Deus criou o céu e a terra.]

23

EXPLICAÇÃO DE ALGUMAS PROPOSIÇÕES DA CARTA DO APÓSTOLO AOS ROMANOS

23.1 Quando ainda era sacerdote, aconteceu que, entre nós que morávamos juntos em Cartago, lia-se a *Carta do Apóstolo aos Romanos,* e os irmãos dirigiram-me algumas perguntas às quais respondi como pude, mas eles quiseram que pusesse por escrito as coisas que dizia, antes que ficassem perdidas sem texto. Quando lhes obedeci, um livro veio juntar-se aos meus opúsculos anteriores. Nesse livro disse: *O que o Apóstolo disse: Sabemos que a lei é espiritual, mas eu sou carnal, isso mostra suficientemente que não podem cumprir a lei a não ser os espirituais, que assim os faz a graça de Deus* (cf. Rm 7,14). Eu não queria, absolutamente, que a frase fosse entendida em referência ao Apóstolo, que já era espiritual, mas ao homem posto sob a lei, e ainda não posto sob a graça (cf. Rm 1,11; 6,14-15). Assim, antes entendia essas palavras; a seguir, porém, depois de ter lido alguns comentários dos textos divinos, cuja autoridade eu apreciava, considerei a questão mais a fundo e compreendi que as palavras: *Sabemos que a lei é espiritual, mas eu sou carnal,* podem ser referidas também à pessoa do Apóstolo. Procurei mostrar isso com a maior precisão possível nos livros que escrevi recentemente contra os pelagianos. Portanto, nesse livro e o que foi dito: *Eu, porém, sou carnal* e todo o resto até onde diz: *Infeliz de mim! Quem me livrará deste corpo de morte? Somente a graça de Deus por Jesus Cristo nosso Senhor* (Rm 7,24-25), disse que ali é descrito o homem que ainda está sob a lei e não está já sob a graça, que quer fazer o bem, mas é vencido para concupiscência da carne, e faz o mal. Do domínio da concupiscência só nos liberta *a graça de Deus através de nosso Senhor Jesus Cristo* (Rm 7,25), por dom do Espírito Santo, por meio do qual a caridade é difundida nos nossos corações (Rm 5,5), vence a concupiscência da carne para não consentirmos em fazer o mal, mas façamos antes o bem. Daí, então, é arrancada a heresia de Pelágio, segundo a qual a caridade não vem de Deus para nós, mas de nós para vivermos bem e piedosamente. Mas, nos livros que nós publicamos contra os pelagianos mostramos que as palavras do Apóstolo se entendem melhor se as referirmos ao homem espiritual já posto sob a graça. Assim concluímos por causa do corpo carnal, que ainda não é espiritual e o será só na ressurreição dos mortos e por causa da própria concupiscência da carne, com a qual devem combater os santos que, embora não consintam ao mal, nesta vida, todavia, ainda não estão livres de seus impulsos aos quais opõem resistência. Porém, na outra vida estão isentos deles, *quando a morte for absorvida pela vitória* (1Cor 15,54). Por causa dessa concupiscência e de seus próprios impulsos, aos quais assim se resiste, todo santo já posto sob a graça pode usar todas as expressões que, nesse livro, eu defini como próprias do homem ainda não posto sob a graça, mas sob a lei. Seria longo mostrar isso aqui e está dito onde o mostrei.

23.2 Igualmente, discutindo o que Deus escolheu naquele que ainda não nasceu, do qual eu disse que haveria de servir ao mais velho, e o que reprovei do mesmo modo no mais velho ainda não nascido, dos quais por isso se faz menção, embora muito depois seja proferido o testemunho profético: *Amei Jacó, mas odiei Esaú* (Rm 9,13; cf. Ml 1,2-3), levei o raciocínio até poder dizer: *Deus não escolheu na presciência as obras de alguém, as obras que Ele próprio haveria de dar, mas escolheu a fé na presciência, conhecendo antecipadamente quem nele haveria de crer, a este escolheu para conceder-lhe o Espírito Santo, de modo que, operando o bem conseguisse tamlém a vida eterna.* Ainda não havia buscado com mais atenção nem havia ainda descoberto em que consiste a escolha da graça, a propósito da qual o próprio Apóstolo diz: *Aqueles que foram reservados segundo a escolha da graça, foram salvos* (Rm 11,5). Mas, certamente, esta não é a graça se a precederam alguns merecimentos, nem o que é dado, não segundo a graça, mas segundo o débito é devolvido antes pelos méritos do que pela doação. Por isso o que disse a seguir: *Pois diz o mesmo Apóstolo: É o mesmo Deus que opera tudo em todos* (1Cor 12,6), *jamais, porém, é dito: Deus crê tudo em todos*, e depois acrescentei: *Portanto, o que cremos é obra nossa, mas fazer o bem é obra daquele que dá o Espírito Santo àqueles que creem*. Certamente não falaria assim se já soubesse que também a fé está entre os dons de Deus que são dados no Espírito Santo (cf. 1Cor 12,9). Portanto, ambas as coisas são nossas por causa do arbítrio da vontade e ambas são dadas pelo Espírito da fé e da caridade. Nem só a caridade, mas como está escrito: *Caridade e fé da parte de Deus Pai e de nosso Senhor Jesus Cristo* (Ef 6,23).

23.3 E o que disse pouco depois: *É obra nossa crer e querer; dele, porém, dar aos que creem e querem a faculdade de agir bem por meio do Espírito Santo, graças ao qual a caridade difunde-se em nossos corações* (cf. Rm 5,5). Isso, certamente, é verdade, mas segundo a mesma regra, ambas as coisas são dele porque Ele próprio prepara a vontade, e ambas são nossas porque não se realizam em nós a não ser que as queiramos. Por isso também depois disse: *Porque não podemos querer se não formos chamados e, quando depois de chamados quisermos, não bastava a nossa vontade e a nossa corrida, a não ser que Deus dê as forças aos que correm e os conduza para quem os chama*, e depois acrescentei: *Portanto, é claro que o que fazemos de bem é absolutamente verdadeiro que não depende de quem quer, nem de quem corre, mas da misericórdia de Deus*. Mas discorri pouco sobre o próprio chamado, que acontece segundo o desígnio de Deus. Pois Ele não é igual com todos os que são chamados, mas só com os escolhidos. Por isso, o que pouco depois disse: *Com efeito, assim como naqueles que Deus escolheu não são as obras, mas a fé que inicia o mérito, para que por um dom de Deus se pratiquem as boas obras, do mesmo modo naqueles que Ele condena, a infidelidade e a impiedade iniciam o mérito da pena, para que pela própria pena também pratiquem o mal; tudo disse com muita verdade*. Mas não julguei que devia ser investigado, nem disse que o mérito da fé também é um dom do próprio Deus.

23.4 Em outro lugar disse: *De fato, àquele do qual se compadece faz agir bem, e abandona aquele ao qual endurece, para que opere o mal. Mas também aquela misericórdia é atribuída ao precedente mérito da fé, enquanto o endurecimento é dado como sanção pela precedente impiedade* (cf. Rm 9,18), e tudo isso é verdade. Mas ainda devia ser investigado se também o mérito da fé vem da misericórdia de Deus, isto é, se esta misericórdia só se manifesta no homem porque é fiel, ou se também se manifesta para que seja fiel. De fato, no Apóstolo lemos: *Alcancei misericórdia para ser fiel* (1Cor 7,25); não disse: porque era fiel. Portanto, certamente é dada ao fiel, mas é dada também para que seja fiel. Por isso, com muita correção disse em outro lugar do mesmo livro: *Porque se somos chamados e cremos não por nossas obras, mas pela misericórdia de Deus, que é concedida aos que creem para fazerem o bem, essa misericórdia não deve ser invejada pelos gentios,* embora ali tenha tratado com menos diligência sobre aquele chamado que acontece por desígnio de Deus.

Este livro começa assim: *Sensus hi sunt in Epistula ad Romanos Pauli apostoli.* [Estes são os sentidos na Carta do Apóstolo Paulo aos Romanos.]

24

EXPLICAÇÃO DA CARTA AOS GÁLATAS

Livro único

24.1 Depois desse livro, expliquei a *Carta aos Gálatas,* do mesmo Apóstolo, não em partes, isto é, omitindo algumas passagens, mas de modo continuado e toda a carta. Porém, reuni toda a explicação num único volume. Nele o que foi dito: *Portanto, foram verdadeiros os primeiros apóstolos que não foram enviados pelos homens, mas por Deus por meio de um homem, isto é, por Jesus Cristo, que ainda era mortal. Também era verdadeiro o último Apóstolo, que foi enviado por meio de Jesus Cristo já totalmente Deus depois da ressurreição.* Disse *já totalmente Deus* por causa da imortalidade, que começou a ter depois da ressurreição, não por causa da divindade pela qual ficou sempre imortal, da qual jamais se afastou, na qual era totalmente Deus, mesmo quando ainda devia morrer. Esse sentido é esclarecido por aquilo que segue. De fato, acrescentei dizendo: *Primeiros são os outros apóstolos enviados por Cristo quando ainda homem, isto é, mortal; o último é o Apóstolo Paulo, enviado por Cristo já totalmente Deus, isto é, em tudo e por tudo imortal.* Disse isso expondo o que diz o Apóstolo: *Não pelos homens nem por intermédio de um homem, mas por Jesus Cristo e por Deus Pai* (Gl 1,1), como se Jesus Cristo não fosse mais homem. De fato, segue: *Que o ressuscitou dos mortos,* para que ali aparecesse porque disse: *nem por um homem.* Por isso, por causa da imortalidade, Cristo, que é Deus, não é mais homem; mas por causa da substância da natureza humana na qual *subiu ao céu,* Jesus Cristo, ainda *Mediador entre Deus e os homens* (1Tm 2,5), porque assim virá como o viram aqueles que *o viram ir para o céu* (At 1,11).

24.2 Igualmente o que disse: *A graça de Deus é aquela pela qual nos são perdoados os pecados para sermos reconciliados com Deus, mas a paz é aquela que nos reconcilia com Deus*; essas palavras devem ser entendidas no sentido de sabermos que ambas, a graça e a paz, pertencem à graça geral de Deus, como no povo de Deus uma coisa era Israel, outra era Judá e, todavia, ambos eram Israel em geral. Assim, quando expliquei: *O que, então? A lei foi dada em vista da transgressão, julguei que devia distinguir que havia uma pergunta: O que, então?* E depois uma resposta: *A lei foi dada em vista da transgressão* (cf. Gl 3,19). De fato, isso não está longe da verdade; mas parecia-me melhor esta distinção, que havia uma pergunta: *Por que, pois, a lei?* E vinha a resposta: *Foi dada em vista da transgressão.* Mas, o que disse: *Por isso, de maneira muito ordenada acrescentou: Porém, se sois conduzidos pelo espírito, não estais sob a lei* (Gl 5,18), *para compreendermos que estão sob a lei aqueles cujo espírito luta contra a carne, de modo a não fazerem o que querem, isto é, não se comportam como invencíveis na caridade da justiça, mas são vencidos pela carne que luta contra eles;* isso tem aquele sentido pelo qual eu percebia aquilo que está escrito: *Efetivamente, a carne tem desejos contrários ao espírito, e o espírito desejos contrários à carne; essas coisas são contrárias entre si para que não façais aquilo que quereis* (Gl 5,17), ou seja, refere-se aos que estão sob a lei e ainda não sob a graça. De fato, ainda não havia compreendido que estas palavras se adaptam àqueles que estão sob a graça e não sob a lei, porque também eles, embora não consintam aos impulsos da carne, aos quais opõem aqueles do espírito, todavia, não quereriam tê-los, se pudessem. E por isso não fazem tudo aquilo que querem porque querem libertar-se daqueles impulsos, e não podem. Mas não os terão quando também não tiverem uma carne corruptível.

Este livro começa assim: *Causa propter quam scribit Apostolus ad Galatas haec est.* [O motivo pelo qual o Apóstolo escreve aos Gálatas é o seguinte.]

25

EXPLICAÇÃO INICIADA DA CARTA AOS ROMANOS

Livro único

25. Havia iniciado também uma explicação à Carta aos Romanos como fizera aos Gálatas. Mas, dessa obra, se fosse completada, teriam sido necessários muitos livros, e havia completado um só tratando da saudação inicial, isto é, do início até onde diz: *Graça vos seja dada e paz da parte de Deus, nosso Pai, e da parte do Senhor Jesus Cristo* (Rm 1,7). Na verdade, acontece que demoramos quando quisemos resolver a difícil questão, na qual incidiu o nosso discurso, sobre o pecado contra a Espírito Santo, que *não será perdoado nem neste século nem no futuro* (Mt 12,32). Mas depois, renunciei acrescentar outros volumes, expondo a Carta toda, amedrontado pela grandeza e pelo trabalho da própria obra, e voltei-me para outros projetos mais fáceis. Assim, aconteceu que abandonei sozinho o primeiro livro que fizera e que quis fosse intitulado: *Explicação iniciada à Carta aos Romanos.* Onde o que disse: *A graça existe na remissão dos pecados, a paz, porém, na reconciliação com Deus,* não deve ser entendido que a própria paz e a reconciliação não se refiram à graça na sua acepção geral, mas só quis dizer que, com o termo graça, o Apóstolo designou em sentido próprio a remissão dos pecados, do mesmo modo que designamos, também em sentido próprio, a lei na expressão *a lei e os Profetas* (Mt 22,40; Rm 3,21), e usamos o termo lei incluindo nele também os Profetas.

Este livro começa assim: *In Epistula quam Paulus apostolus scripsit ad Romanos.* [Na Carta que o Apóstolo Paulo escreveu aos Romanos].

26

OITENTA E TRÊS QUESTÕES DIVERSAS

Livro único

26.1 Entre as coisas que escrevemos, existe também uma obra um tanto extensa, mas que é considerada um livro único, cujo título é: *Oitenta e três questões diversas.* Porém, como estivessem dispersas em muitas folhas, porque, nos primeiros tempos após minha conversão e depois do meu retorno à África, minhas respostas eram ditadas sem ordem, conforme era perguntado pelos irmãos quando me encontravam disponível; então, já bispo, mandei que fossem reunidas e se fizesse delas um livro e fossem marcadas por um número, para que, quem quisesse lê-las, as encontrasse com facilidade.

26.2 Dessas questões, a primeira é: *Se a alma tem uma existência autônoma.*

A segunda: *O livre-arbítrio.*

A terceira: *Se o homem é mau por ter a Deus como seu autor.*

A quarta: *Qual é a causa de o homem ser mau.*

A quinta: *Se o animal irracional pode ser feliz.*

A sexta: *O mal.*

A sétima: No ser vivo, o *que, propriamente, denomina-se alma.*

A oitava: *Se a alma se move por si mesma.*

A nona: *Se a verdade pode ser percebida pelos sentidos do corpo.* Na qual disse: *Tudo o que o sentido do corpo percebe e que toma o nome de sensível, muda sem intermissão alguma de tempo, sem dúvida não é verdade nos corpos incorruptíveis da ressurreição*; mas, agora nenhum dos nossos sentidos corporais percebe isso, a não ser, talvez, se algo disso foi divinamente revelado.

A décima: *Se o corpo foi criado por Deus.*

A décima primeira: *Por que Cristo nasceu de uma mulher.*

A décima segunda, que tem como título *A afirmação de algum sábio*, não é minha. Mas porque a dei a conhecer a alguns irmãos que, então, recolhiam com grande cuidado as minhas respostas e foi do agrado deles, quiseram inscrevê-la entre as minhas obras. Mas pertence a um certo Fonteu de Cartago, de uma obra intitulada: *A necessidade de purificar a mente para ver a Deus*, que escreveu ainda pagão, mas morreu cristão batizado.

A décima terceira: *Por qual documento os homens são superiores aos animais.*

A décima quarta: *O corpo de nosso Senhor Jesus Cristo não seria um fantasma.*

A décima quinta: *O intelecto.*

A décima sexta: *O Filho de Deus.*

A décima sétima: *A ciência de Deus.*

A décima oitava: *A Trindade.*

A décima nona: *Deus e a criatura.*

A vigésima: *O lugar de Deus.*

A vigésima primeira: *Se Deus não é autor do mal.* Onde se deve cuidar de não compreender mal o que eu disse: *Não é causa do mal aquele que é o autor de todas as coisas que existem, porque enquanto existem são boas* e, por isso, não se julgue que a pena dos maus, que é um mal para quem a sofre, não venha dele. Mas disse isso conforme está dito: *Deus não fez a morte* (Sb 1,13), já que ali está escrito: *A morte e a vida vêm do Senhor Deus* (Eclo 11,14). Portanto, a punição dos maus, que vem de Deus, é um mal para os maus, mas faz parte das boas obras de Deus, porque é justo que os maus sejam punidos e, na verdade, é um bem tudo o que é justo.

A vigésima segunda: *Deus não sente necessidade.*

A vigésima terceira: *O Pai e o Filho.* Onde disse: *Que Ele gerou a Sabedoria, pela qual se chama sábio;* mas depois tratamos melhor dessa questão no livro sobre *A Trindade.*

A vigésima quarta: *Se o pecado e a boa ação dependem do livre-arbítrio da vontade.* Isso é, absolutamente, muito verdadeiro; mas para ser livre de agir corretamente é preciso ser libertado pela graça de Deus.

A vigésima quinta é: *A cruz de Cristo.*

A vigésima sexta é: *A diferença dos pecados.*

A vigésima sétima: *A Providência.*

A vigésima oitava: *Por que Deus quis criar o mundo.*

A vigésima nona: *Se há alguma coisa acima ou abaixo do universo.*

A trigésima: *Se tudo foi criado para a utilidade do homem.*

A trigésima primeira, nem esta é minha, mas de Cícero. Também esta é verdade que veio ao conhecimento dos irmãos por meu intermédio e eles a inseriram nessa coleção pelo desejo de saber como ele divide e define as virtudes da alma.

A trigésima segunda é: *Se é possível que alguém compreende uma coisa mais do que outro e se assim o processo de conhecimento de um mesmo objeto é infinito.*

A trigésima terceira: *O medo.*

A trigésima quarta: *Se não se deve amar outra coisa a não ser a falta de medo.*

A trigésima quinta: *O que se deve amar.* Na qual não aprovo suficientemente aquilo que disse: *Deve ser amado aquilo que nada mais é do que conhecê-lo.* De fato, não tinham Deus aqueles aos quais foi dito: *Não sabeis que sois templo de Deus e que o Espírito de Deus habita em vós?* (1Cor 3,16). E, todavia, não o conheceram ou não o conheceram como deviam conhecê-lo. Igualmente, o que disse: *Por isso, ninguém conhece a vida feliz e é infeliz;* disse *conhece*, como deve ser conhecida. Pois quem a ignora totalmente, ao menos entre aqueles que têm uso da razão, quando souberam que querem ser felizes?

A trigésima sexta é: *A nutrição da caridade*. Onde disse: *Por isso, quando Deus e a alma são amados, diz-se propriamente que a caridade está muito purificada e realizada, se nada mais se ama*. Mas se isso é verdade, como, então, o Apóstolo pode dizer: *Ninguém jamais odiou sua própria carne* (Ef 5,29) e com isso admoesta que se amem as mulheres? Mas, por isso, é dito: *Fala-se de amor em sentido próprio*: pois a carne, certamente, é amada, porém, não em sentido próprio, mas enquanto sujeito à alma e se serve dela. E ainda, se parece ser amada por si mesma, como quando não a queremos disforme, a sua beleza deve ser atribuída a outro, isto é, ao princípio de toda a beleza.

A trigésima sétima é: *Aquele que nasceu desde sempre*.

A trigésima oitava: *A estrutura da alma*.

A trigésima nona: *Os alimentos*.

A quadragésima: *Já que a natureza das almas é única, de onde vêm as diversas vontades dos homens*.

A quadragésima primeira: *Já que Deus fez todas as coisas, por que não as fez todas iguais?*

A quadragésima segunda: *Como a Sabedoria de Deus, o Senhor Jesus Cristo, esteve ao mesmo tempo no útero da mãe e nos céus*.

A quadragésima terceira: *Por que o Filho de Deus apareceu em forma de homem, e o Espírito Santo em forma de pomba?* (Mt 3,16).

A quadragésima quarta: *Por que o Senhor Jesus Cristo veio tão tarde?* Equiparando as idades de um só homem com aquelas do gênero humano, disse: *Não seria conveniente que o Mestre viesse de modo divino, por cuja imitação se formasse em costumes ótimos, a não ser no tempo da juventude*. E acrescentei que para isso serviria o que o Apóstolo diz: *Crianças guardadas sob a lei como sob um pedagogo* (Gl 3,24-25). Mas pode causar admiração: por que em outro lugar dissemos que Cristo veio na sexta idade do gênero humano, como na velhice. Portanto, o que foi dito da juventude refere-se ao vigor e ao fervor da fé que *opera por meio da caridade* (Gl 5,6); mas o que se refere à velhice corresponde ao número dos tempos. Com efeito, pode-se entender ambos os sentidos na universalidade dos homens, o que não é possível nas idades de cada um. Assim como no corpo não podem existir juntas a juventude e a velhice, mas na alma pode, aquela por causa da jovialidade, esta por causa da gravidade.

A quadragésima quinta: *Contra os matemáticos.*

A quadragésima sexta: *As ideias.*

A quadragésima sétima: *Se alguma vez podemos ver os nossos pensamentos.* Onde disse: *Os corpos angélicos, já que esperamos ter corpos semelhantes, crê-se que sejam luminosos e etéreos,* mas erra-se se entendermos isso sem os membros que agora temos e sem a substância da carne, embora corruptível. Na obra *A cidade de Deus,* essa questão sobre a visão de nossos pensamentos foi tratada de modo muito melhor.

A quadragésima oitava: *As coisas que se devem crer.*

A quadragésima nona: *Por que os filhos de Israel sacrificavam visivelmente vítimas de animais?*

A quinquagésima: *A igualdade do Filho.*

A quinquagésima primeira: *O homem criado à imagem e semelhança de Deus.* Onde o que significa aquilo que afirmei: *O homem sem vida não é chamado corretamente,* já que se chama homem também o cadáver do homem. Por isso, deveria ter dito: *não se chama propriamente,* onde disse: *não se chama corretamente.* Igualmente, disse: *Não sem razão distingue-se que uma coisa seja imagem e semelhança de Deus, e outra é à imagem e semelhança de Deus, como aceitamos que o homem foi criado.* Essas palavras não devem ser entendidas no sentido que do homem não se possa dizer que é imagem de Deus, já que o Apóstolo diz: *Na verdade, o homem não deve cobrir a cabeça, porque é a imagem e a glória de Deus* (1Cor 11,7), mas diz-se também à imagem de Deus, o que não se pode dizer do Unigênito, que é somente imagem, não à imagem.

A quinquagésima segunda: *Sobre o que foi dito: Arrependo-me de ter feito o homem* (Gn 6,6).

A quinquagésima terceira: *O ouro e a prata que os israelitas receberam dos egípcios.*

A quinquagésima quarta: *Sobre o que está escrito: É um bem que eu esteja junto a Deus* (Sl 72,28). Onde disse: *Mas o que é melhor do que qualquer alma, a isso chamamos Deus,* deveria ter dito: *Melhor do que todo o espírito criado.*

A quinquagésima quinta: *Sobre o que está escrito: São sessenta as rainhas, oitenta as concubinas e inúmeras as donzelas* (Ct 6,7).

A quinquagésima sexta: *Os quarenta e seis anos da edificação do templo* (Jo 2,20).

A quinquagésima sétima: *Os cento e cinquenta e três peixes* (Jo 21,11).

A quinquagésima oitava: *João Batista.*

A quinquagésima nona: *As dez virgens.*

A sexagésima: *Quanto ao dia e à hora ninguém sabe, nem os anjos dos céus, nem o Filho do homem, mas só o Pai* (Mt 24,36).

A sexagésima primeira: *Daquilo que está escrito no evangelho, que o Senhor alimentou a multidão com cinco peixes* (Mt 14,15-21). Onde disse: *Os dois peixes significam as outras duas pessoas, isto é, aquela do rei e aquela do sacerdote, às quais pertence também aquela santa unção,* teria dito melhor: *pertence de modo particular,* porque lemos que, então, também os Profetas recebiam a unção (1Rs 19,16; Is 61,1). Igualmente disse: *Lucas, que introduziu Cristo como sacerdote subindo ao céu depois da remissão dos pecados, sobe até Davi através de Natã, porque o Profeta Natã fora enviado a Davi e este, censurado por ele, com o arrependimento obteve a remissão do seu pecado.* Minhas palavras, porém, não devem ser entendidas no sentido que o Profeta Natã fosse filho de Davi (cf. Lc 3,31). Pois aqui não se diz: *porque o próprio profeta era enviado,* mas se diz: *Porque o Profeta Natã era enviado* (2Sm 12,1-2), para que o mistério não se entendesse no mesmo homem, mas no mesmo nome.

A sexagésima segunda: *Daquilo que está escrito no evangelho: Jesus batizava mais pessoas do que João,* embora não fosse Ele a batizar, mas seus discípulos (cf. Jo 4,1-2). Onde disse: *Aquele ladrão a quem foi dito: Em verdade te digo, hoje estarás comigo no paraíso* (Lc 23,43), *que nem recebera o batismo,* podemos encontrar que antes de nós outros reitores da santa Igreja afirmaram isso em seus escritos, mas ignoro em que documentos isso possa ser suficientemente mostrado que aquele ladrão não era batizado. Esse assunto foi discutido com mais cuidado em alguns outros opúsculos posteriores, sobretudo naquele que escrevemos a Vicente Victor sobre *A origem da alma.*

A sexagésima terceira: *O Verbo.*

A sexagésima quarta: *A mulher samaritana.*

A sexagésima quinta: *A ressurreição de Lázaro.*

A sexagésima sexta: *Sobre o que está escrito: Porventura ignorais, irmãos (pois falo com pessoas que conhecem a lei), que a lei tem domínio sobre o homem enquanto ele vive?* (Rm 7,1). Até o lugar em que está escrito: *Dará a vida aos vossos corpos mortais por meio do Espírito Santo que habita em vós* (Rm 8,11). Querendo explicar o que diz o Apóstolo: *Mas sabemos que a lei é espiritual, eu, porém, sou carnal* (Rm 7,14), eu disse: *Dou meu assentimento à carne enquanto ainda não estou libertado pela graça espiritual.* Isso não deve ser entendido como se o homem espiritual, já posto sob a graça, também não possa dizer isso de si mesmo e todo o restante até a passagem em que é dito: *Infeliz de mim! Quem me livrará desse corpo de morte?* (Rm 7,24). Aprendi isso depois, como já declarei antes. Expondo novamente o que diz o Apóstolo: *Na verdade, o corpo está morto por causa do pecado* (Rm 8,10), eu disse: *Fala de corpo morto enquanto é tal que moleste a alma pela falta das coisas temporais.* Mas depois pareceu-me muito melhor entender assim: *Diz que o corpo está morto enquanto tem já em si a necessidade de morrer, que não teve antes do pecado.*

A sexagésima sétima: *Sobre aquilo que está escrito: Efetivamente, eu tenho por certo que os sofrimentos do tempo presente não têm proporção com a glória vindoura que se manifestará em nós* (Rm 8,18), até onde se diz: *Com efeito, na esperança é que fomos salvos* (Rm 8,24). Ali, ao explicar o que está escrito: *E a própria criatura será libertada da escravidão da morte*, eu disse: *E a própria criatura, isto é, o próprio homem, que permanece simples criatura por ter perdido, por causa do pecado, o selo da imagem.* Isso não deve ser entendido no sentido que o homem tinha perdido tudo aquilo que possuía da imagem de Deus. Se não os tivesse perdido não teria ouvido expressões como: *Reformai-vos na novidade de vossa mente* (Rm 12,2), e: *Somos transformados na mesma imagem* (2Cor 3,18); mas novamente, se tivesse perdido tudo, não haveria motivo de dizer: *Embora o homem passe na imagem, é em vão que se afadiga* (Sl 38,7). Igualmente o que disse: *Os anjos superiores vivem espiritualmente, os inferiores, porém, de maneira animal,* falei dos inferiores com mais ousadia do que possa ser mostrado pelas Escrituras santas, ou pelas próprias coisas, porque, embora talvez se possa, é muito difícil.

A sexagésima oitava: *Sobre o que está escrito*: *Ó homem, quem és tu, para replicares a Deus?* (Rm 9,20). Onde disse: *A possibilidade de alguém, após ter cometido pecados de não muita gravidade, ou mesmo pecados graves e muitos, que se torne digno da misericórdia de Deus com seu intenso pranto e com a dor do arrependimento não depende dele, se fosse deixado a si mesmo, pereceria,* mas depende de Deus misericordioso, que vem em socorro de suas súplicas e de suas dores. É pouco querer, se Deus não tiver piedade. Mas Deus, que chama à paz, não tem piedade se antes não se quiser tê-la. Isso foi dito depois da penitência. Pois a misericórdia de Deus, que vem antes da própria vontade, se não estiver presente, a vontade não seria predisposta pelo Senhor (cf. Pr 8,35). A essa misericórdia refere-se o próprio chamado que precede à fé. Falando dela, pouco depois disse: *Mas este chamado que age quer em cada pessoa individualmente, quer nos povos e no próprio gênero humano, para desfrutar as oportunidades dos tempos, faz parte de uma ordem superior e profunda.* A isso refere-se também a passagem: *No ventre eu te santifiquei* (Jr 1,5), e: *Quando ainda estavas nos rins de teu pai, eu te vi*; e: *Amei Jacó, mas tive ódio de Esaú* (Ml 1,3; Rm 9,13) etc.; embora aquele testemunho: *Quando ainda estavas nos rins do teu pai,* não sei como me ocorreu que estivesse escrito.

A sexagésima nona: *Sobre aquilo que está escrito: Então, também o próprio Filho estará sujeito àquele que sujeitou a si todas as coisas* (1Cor 15,28).

A septuagésima: *Sobre o que diz o Apóstolo: A morte foi absorvida pela vitória. Onde está, ó morte, a tua vitória: Onde está, ó morte, o teu aguilhão? Pois o aguilhão da morte é o pecado, mas a força do pecado é a lei* (1Cor 15,54-55).

A septuagésima primeira: *Sobre o que está escrito: Carregai os fardos uns dos outros e, dessa maneira, cumprireis a lei de Cristo* (Gl 6,2).

A septuagésima segunda: *Os tempos eternos.*

A septuagésima terceira: *Sobre o que está escrito: Sendo reconhecido na condição como homem.*

A septuagésima quarta: *Sobre o que está escrito na Carta de Paulo aos Colossenses: No qual temos a redenção, a remissão dos pecados, que é a imagem do Deus invisível* (Cl 1,14-15).

A septuagésima quinta: *A herança de Deus.*

A septuagésima sexta: *Sobre aquilo que diz o Apóstolo Tiago: Queres saber, ó homem vão, como a fé sem obras é morta?* (Tg 2,20).

A septuagésima sétima: *O medo é pecado.*

A septuagésima oitava: *A beleza das estátuas.*

A septuagésima nona: *Por que os Magos do Faraó realizaram alguns milagres, como Moisés, o servo de Deus?*

A octogésima: *Contra os apolinaristas.*

A octogésima primeira: *A Quaresma e a Quinquagésima.*

A octogésima segunda: *Sobre o que está escrito: O Senhor corrige aquele a quem ama e açoita todo o filho que reconhece como seu.*

A octogésima terceira: *O matrimônio, sobre aquilo que o Senhor diz; se alguém repudiar sua mulher, a não ser por motivo de fornicação* (Mt 19,9).

Esta obra começa assim: *Utrum anima a se ipsa est.* [Se a alma tem existência autônoma.]

27

A MENTIRA

Livro único

27. Escrevi também um livro sobre *A mentira* que, apesar de exigir algum esforço para ser compreendido, não é inútil para o exercício do empenho e da mente e traz proveito aos costumes para promover o amor à verdade. Havia decidido tirá-lo do número dos meus opúsculos, porque me parecia obscuro, complicado e absolutamente molesto, por isso nem o havia publicado. A seguir, quando depois escrevi um outro, cujo título é: *Contra a mentira* e, por isso, muito mais decidira e mandara que deixasse de existir, mas isso não foi feito. Por isso, nesta retratação dos meus opúsculos, quando o encontrei incólume, ordenei que também ele, retratado, permanecesse, sobretudo porque nele existem algumas coisas necessárias que não estão no outro. Por isso, o outro intitula-se: *Contra a mentira*, este, porém: *A mentira*, pois aquele, na totalidade, é um ataque aberto à mentira, e grande parte deste discute o procedimento da pesquisa. Todavia, a finalidade de ambos permanece a mesma.

Este livro começa assim: *Magna quaestio est de mendacio.* [Grande é a questão da mentira.]

LIVRO II

1

A SIMPLICIANO

Dois livros

1.1 Dos livros que compus como bispo, os dois primeiros foram dirigidos a Simpliciano, bispo da Igreja de Milão, que sucedeu o beatíssimo Ambrósio; e tratam de diversas questões, duas das quais tiradas da *Carta* do Apóstolo Paulo *aos Romanos*, e formam o primeiro livro. A primeira delas é sobre o que está escrito: *Que diremos, pois? A lei é pecado? Longe disso* (Rm 7,7), até aquilo onde diz: *Quem me livrará desse corpo de morte? A graça de Deus por Jesus Cristo Senhor nosso* (Rm 7,24-25). Na qual, as palavras do Apóstolo: *A lei é espiritual, mas eu sou carnal* (Rm 7,14) etc., nas quais se mostra que a carne luta contra o espírito, eu as expus de modo como se o homem fosse descrito ainda sob a lei e não já posto sob a graça (cf. Rm 6,14). De fato, muito tempo depois percebi que aquelas palavras podiam referir-se também ao homem espiritual (e isso é mais provável). Nesse livro, a questão seguinte vai da passagem onde diz: *E não somente ela, mas também Rebeca, que da união com Isaac, nosso pai* (Rm 9,10), até onde diz: *Se o Senhor dos exércitos não nos tivesse deixado a semente, ter-nos-íamos tornado como Sodoma e semelhantes a Gomorra* (Rm 9,29). Na solução dessa questão, na verdade, trabalhei para sustentar o livre-arbítrio da vontade humana, mas venceu a graça de Deus; e não pude chegar senão àquilo para compreender o que o Apóstolo afirma com claríssima verdade: *Porque, quem te distingue? O que tens que não recebeste? E se o recebeste por que te glorias como se não o tivesses recebido?* (1Cor 4,7). Querendo mostrar isso, também o mártir Cipriano definiu tudo isso no próprio título, dizendo: *Em nada devemos gloriar-nos, quando nada é nosso.*

1.2 No segundo livro são tratadas as outras questões e são resolvidas segundo a nossa faculdade e todas referem-se à Escritura denominada dos Reis. A primeira é sobre aquilo que está escrito: *E o espírito do Senhor apoderou-se de Saul* (1Sm 10,10). Quando expus isso, disse: *Embora esteja no poder de cada um o que quer, todavia, não está no poder de cada um o que pode.* E isso é dito porque não dizemos que está em nosso poder senão aquilo que, quando queremos, se realiza; onde o primeiro e principal é o próprio querer. Certamente, sem qualquer intervalo de tempo a própria vontade está presente quando queremos. Mas é do alto que recebemos o poder de bem-viver, *já que a vontade é preparada pelo Senhor* (Pr 8,35 - seg. a LXX). A segunda questão é: Como foi dito: *Arrependo-me de ter feito rei a Saul* (1Sm 15,11). A terceira: *Se o espírito imundo que estava na pitonisa poderia agir de modo que Samuel fosse visto por Saul e falasse com ele* (1Sm 28,7-20). A quarta: *Sobre aquilo que está escrito: O Rei Davi entrou e sentou-se diante do Senhor* (2Sm 7,18). A quinta: *Sobre o que disse Elias: Ó Senhor, é testemunha esta viúva com a qual habito em sua casa, que fizeste mal em matar seu filho* (1Rs 17,20).

Esta obra começa assim: *Gratissimam plane atque suavissimam.* [É, sem dúvida, agradabilíssima e dulcíssima.]

2

CONTRA A CARTA DE MANIQUEU QUE CHAMAM DE FUNDAMENTOS

Livro único

2. O livro *Contra a carta de maniqueu que chamam de fundamentos* contesta só seus princípios; nas outras partes dela, onde me parecia, inseri anotações pelas quais é totalmente subvertida e me recordariam quando escrevesse sobre toda ela.

Este livro começa assim: *Unum verum Deum omnipotentem.* [O único verdadeiro Deus onipotente.]

3

O COMBATE CRISTÃO

Livro único

3. O livro sobre *O combate cristão* foi escrito em linguagem simples para irmãos pouco instruídos em língua latina, contendo a regra da fé e os preceitos da vida. Nele, aquilo que foi posto: *Não ouçamos aqueles que negam a futura ressurreição da carne e recordam o que diz o Apóstolo Paulo: A carne e o sangue não possuirão o Reino de Deus* (1Cor 15,50) *e não compreendem o que o mesmo Apóstolo diz: Importa que este corpo corruptível se revista de incorruptibilidade e este corpo mortal se revista de imortalidade* (1Cor 15,53) *e quando isso for feito, já não existirá carne e sangue, mas um corpo celeste.* Essas palavras não devem ser entendidas como se não houvesse substância da carne: mas deve-se entender que com os termos *carne e sangue* o Apóstolo quis designar a corrupção da carne e do sangue, que não existirá mais naquele reino, onde a carne será incorruptível; embora também possam ser entendidas de outra forma, que aceitemos ter o Apóstolo dito que carne e sangue são as obras da carne e do sangue e não possuirão o Reino de Deus aqueles que as tiverem amado com obstinação.

Este livro começa assim: *Corona victoriae*. [Coroa da vitória.]

4

A DOUTRINA CRISTÃ

Quatro livros

4.1 Tendo encontrado incompletos os livros sobre *A doutrina cristã,* preferi completar a obra a deixá-la assim, antes de passar à retratação de outros. Assim, completei o terceiro, cuja redação chegava até a passagem em que é recordado o testemunho do evangelho *da mulher que escondeu fermento em três medidas de farinha até que tudo ficasse fermentado.* Acrescentei também o último livro e completei a obra com quatro livros. Os três primeiros ajudam a entender as Escrituras, o quarto, porém, trata de como se deve explicar o que compreendemos.

4.2 No segundo livro, sobre o autor do livro, que muitos chamam *Sabedoria de Salomão,* e que teria sido escrito por Jesus de Sirac, que compôs o *Eclesiástico,* não consta como foi dito por mim e depois aprendi que com muito mais probabilidade não é esse o nome do autor do livro. Mas onde disse: *A estes quarenta e quatro livros limita-se a autoridade do Antigo Testamento,* chamei-os Antigo Testamento por costume, pelo qual já fala a Igreja. Pois parece que o Apóstolo chama Antigo Testamento somente aquilo que foi dado no Monte Sinai (cf. Gl 4,24). E o que eu disse que Santo Ambrósio resolveu a questão da história dos tempos, como se Platão e Jeremias fossem coetâneos, a memória me enganou. Pois aquilo que aquele bispo disse sobre esse assunto pode ser lido no livro que ele escreveu sobre *Os sacramentos* ou sobre *A filosofia.*

Esta obra começa assim: *Sunt praecepta quaedam.* [Existem alguns preceitos.]

5

CONTRA O PARTIDO DE DONATO

Dois livros

5. Existem dois livros meus, cujo título é: *Contra o partido de Donato*. No primeiro deles disse que *não me agrada que os cismáticos sejam obrigados à comunhão pela força do poder secular*. E, na verdade, então não me agradava porque ainda não havia experimentado quanto mal teria ousado a impunidade deles ou quanto a diligência da disciplina poderia mudá-los para melhor.

Esta obra inicia assim: *Quoniam Donatistae nobis.* [Porque os donatistas a nós.]

6

AS CONFISSÕES

Treze livros

6.1 Os treze livros das minhas *Confissões* louvam o Deus justo e bom pelas boas e más ações que realizei e estimulam para Ele o intelecto humano e o afeto. Entretanto, no que se refere a mim, agiram assim em mim quando os escrevia e agem quando os leio. O que os outros pensam delas, é problema deles; mas agradaram a muitos irmãos e sei que agradam. Do primeiro ao décimo livro, foram escritos sobre mim; os outros três tratam das santas Escrituras, a partir do que está escrito: *No princípio, Deus fez o céu e a terra* (Gn 1,1) até *o descanso do sábado* (Gn 2,2).

6.2 No quarto livro, confessando o sofrimento do meu espírito pela morte de um amigo, dizendo que, de certo modo, a nossa única alma foi feita em duas, disse: *E, por isso, temia talvez morrer, para que não morresse totalmente aquele que amara muito*. Esta, porém, parece-me como que uma declamação leve mais do que uma confissão profunda, embora esta banalidade seja um pouco atenuada por aquele *talvez* que foi acrescentado. E no décimo terceiro livro o que afirmei: *O firmamento foi criado entre as águas espirituais superiores e as águas materiais inferiores,* não foi suficientemente considerado; de qualquer forma, trata-se de um assunto bastante obscuro.

Esta obra começa assim: *Magnus es, Domine.* [Grande és, Senhor.]

7

CONTRA O MANIQUEU FAUSTO

Trinta e três livros

7.1 *Contra o maniqueu Fausto,* que blasfemava contra a Lei e os Profetas, contra seu Deus e contra a encarnação de Cristo e que dizia serem falsificadas as Escrituras do Novo Testamento que o incriminavam, escrevi uma grande obra na qual apresento suas palavras, opondo-lhes as minhas respostas. São trinta e três discussões, que não vejo por que não as chamar de livros. Pois, embora alguns sejam muito breves, mas são livros. Na verdade, um deles, aquele no qual é defendida a vida dos patriarcas contra as suas acusações, não chegou a tal prolixidade quanto quase nenhum dos meus livros.

7.2 No livro terceiro, quando explicava a questão como José poderia ter tido dois pais, disse *que de um havia nascido e do outro fora adotado;* mas deveria ter falado também do tipo de adoção. Afinal, por aquilo que eu disse, parece que o adotara um pai ainda vivo. A lei dava em adoção os filhos também a mortos ordenando que o irmão se casasse com a mulher do irmão morto sem filhos e, assim, desse ao irmão falecido um descendente da mesma mulher. Dessa forma explica-se bem como se possa falar de dois pais para o mesmo homem. Eram irmãos uterinos aqueles nos quais isso aconteceu: um dos dois, isto é, Jacó, desposou a mulher do outro irmão falecido, que se chamava Heli, e dele Mateus narra que teria nascido José (Mt 1,16). Mas o gerou para seu irmão uterino, cujo filho, como diz Lucas, foi José (Lc 3,23), porém, não como filho natural, mas como filho adotivo segundo a lei. Isso foi encontrado em cartas deles, que escreveram sobre isso recentemente, depois da ascensão do Senhor. Com efeito, Africano não calou nem o nome da mulher que gerou Jacó, pai de José, do precedente marido Matan - esse Matan é precisamente, segundo Mateus, pai de Jacó e avô de José - e que gerou por um sucessivo marido de nome Melchi aquele Heli do qual José foi filho adotivo. Na verdade, quando respondia a Fausto, eu ainda não tinha lido; todavia, não podia duvidar que por adoção poderia acontecer que um homem tivesse dois pais.

7.3 No duodécimo e no décimo terceiro livros, discutiu-se sobre o segundo filho de Noé, chamado Cam, dando a entender que ele foi amaldiçoado pelo pai em si mesmo, e não em seu filho Canaã, como demonstra a Escritura. No décimo quarto, fala-se do sol e da lua como se tivessem sensibilidade e, por isso, aceitassem ter adoradores frívolos, embora ali as palavras possam ser entendidas como transferidas de seres animados para seres inanimados, como na locução que em grego se chama *metáfora*; como está escrito sobre o mar: *Que brame no ventre de sua mãe querendo sair* (Jó 38,8), embora o mar não tenha vontade. No vigésimo nono, disse: *Longe de mim pensar que nos membros dos santos haja alguma coisa obscura, mesmo nos genitais*. De fato, são chamados indecentes porque não têm aquele tipo de beleza própria das partes que estão à vista. Em outros escritos nossos, compostos depois, deu-se uma explicação mais aceitável, pois também o Apóstolo a considerou indecente, isto é, por causa da lei que nos nossos membros se opõe à mente, que aconteceu pelo pecado e não pela originária instituição da natureza humana.

Esta obra inicia assim: *Faustus quidam fuit.* [Existiu um certo Fausto.]

8

CONTRA O MANIQUEU FÉLIX

Dois livros

8. Contra um certo maniqueu de nome Félix, discuti por dois dias na Igreja com a presença do povo. Na verdade, viera a Hipona para difundir seu erro, pois era um dos seus doutores, embora ignorante nas artes liberais, todavia, mais esperto do que Fortunato. As atas são eclesiásticas, mas é contado entre os meus livros. Portanto, são dois livros, no segundo dos quais disputou-se sobre o livre-arbítrio da vontade, quer para fazer o mal, quer para fazer o bem. Mas como era tal aquele com quem tratávamos, não fomos obrigados a discutir sobre a graça pela qual somos verdadeiramente livres, como está escrito: *Se o Filho vos libertar, sereis verdadeiramente livres* (Jo 8,36).

Esta obra começa assim: *Honorio Augusto sextum consule, septimo idus Decembris.* [Sob o sexto consulado de Honório Augusto, no dia 7 de dezembro.]

9

A NATUREZA DO BEM

Livro único

9. O livro sobre *A natureza do bem* é contra os maniqueus, onde se demonstra que Deus é uma natureza imutável e o sumo bem, e dele derivam as outras naturezas, quer espirituais, quer corporais, e todas, enquanto são naturezas, são boas; trata-se também do que é e de onde vem o mal, mostrando quantos males os maniqueus põem na natureza do bem e quantos bens naquela do mal, isto é, nas duas naturezas imaginadas pelo erro deles.

Este livro começa assim: *Summum bonum quo superius non est, Deus est.* [O sumo bem, do qual não existe um que seja maior, é Deus.]

10

CONTRA O MANIQUEU SECUNDINO

Livro único

10. Um certo Secundino, não pertencente àqueles que os maniqueus chamam eleitos, mas "ouvintes", que eu não conhecia nem de vista, escreveu-me como amigo, censurando-me respeitosamente porque com meus escritos atacava aquela heresia e me admoestava a não fazer isso, exortando-me, antes, a aderir a ela, tomando a sua defesa e criticar a fé católica. Respondi a ele; mas porque no início desse opúsculo não pus o nome e o destinatário, não foi colocado entre as minhas cartas, mas entre os livros. No início está escrita também a carta dele. Porém, o título deste meu volume é: *Contra o maniqueu Secundino*, que facilmente ponho como o melhor de todos os escritos que pude escrever contra aquela peste.

Este livro começa assim: *Tua in me benevolentia quae apparet in litteris tuis*. [A benevolência para comigo que aparece nas tuas cartas.]

11

CONTRA HILÁRIO

Livro único

11. Nesse meio-tempo, um certo Hilário, tribuno do povo e leigo católico, não sei por que, mas seguindo o costume, foi tomado de irritação contra os ministros de Deus e, com malévolas críticas, reprovava onde podia o costume que então se iniciava em Cartago de recitar diante dos altares hinos tirados dos Salmos, sustentando que não se devia fazer isso. Respondi-lhe a pedido dos irmãos e intitulei o livro *Contra Hilário*.

Este livro começa assim: *Qui dicunt mentionem Veteris Testamenti.* [Os que fazem menção do Antigo Testamento.]

12

QUESTÕES DOS EVANGELHOS

Dois livros

12. São algumas explicações de passagens do Evangelho segundo Mateus e outras segundo Lucas; aquelas estão redigidas no primeiro livro, estas, no segundo. O título desta obra é: *Questões dos evangelhos.* Mas porque foram explicadas somente as passagens dos referidos livros evangélicos que estão contidas nesses meus livros, e quais sejam elas, juntei e enumerei as questões de modo que quem quiser lê-las há de encontrá-las seguindo os números. Portanto, no primeiro livro, onde disse que *o Senhor revelou separadamente sua paixão a dois discípulos,* a incorreção do manuscrito nos enganou; pois *está escrito doze,* não *dois* (Mt 20,17; Lc 18,31). No segundo livro, querendo expor como José, cuja esposa era a Virgem Maria, pôde ter dois pais, não é exato o que disse: *que o irmão tivesse desposado a mulher do irmão falecido para garantir-lhe uma descendência segundo a lei* (Dt 25,5-6; Mt 22,24; Mc 12,19; Lc 20,28), *porque àquele que havia de nascer a lei ordenava tomar o nome do falecido.* Não é verdade: a lei estabelecia que o nome do falecido valia para que fosse chamado seu filho, e não que tomasse seu nome.

Este livro começa assim: *Hoc opus non ita scriptum est.* [Esta obra não foi escrita assim.]

13

ANOTAÇÕES SOBRE O LIVRO DE JÓ

Livro único

13. O livro cujo título é *Anotações sobre o Livro de Jó* não me seria fácil dizer se este livro deve ser considerado meu ou daqueles que, como puderam ou quiseram, redigiram essas anotações num único texto, transcrevendo-as das margens do manuscrito. De fato, são suaves para os pouquíssimos em condições de entendê-las, mas é necessário que sintam dificuldades por não entenderem muitas coisas, porque nem as próprias palavras que são expostas, em muitos lugares, são descritas de modo a aparecer o que expõem. Depois, a brevidade das afirmações é seguida de tanta obscuridade que o leitor mal pode suportar e lhe é necessário passar muitas coisas sem compreendê-las. Por fim, encontrei a própria obra tão incorreta em nossos manuscritos, que não pude corrigir, nem quereria que se dissesse ter sido publicada por mim, se não soubesse que os irmãos a possuem e não pude subtrair-me ao seu desejo.

Este livro começa assim: *Et opera magna erant ei super terram.* [E ele tinha grandes bens sobre a terra.]

14

A CATEQUESE DOS INCULTOS

Livro único

14. Existe também um livro nosso sobre *A catequese dos incultos*, que tem esse título. Nele eu disse: *E o anjo que, junto com os outros espíritos, seus escravos, abandonou por soberba a obediência a Deus e se tornou diabo, não prejudicou a Deus, mas a si mesmo.* Afinal, Deus sabe recolocar em ordem as almas que o abandonam. Seria mais correto dizer: Os espíritos que o abandonaram, porque se tratava de anjos.

Este livro começa assim: *Petisti a me, frater Deogratias.* [Pediste-me, irmão Deográcias.]

15

A TRINDADE

Quinze livros

15.1 Durante alguns anos escrevi os quinze livros sobre *A Trindade*, que é Deus. Mas ainda não havia terminado o duodécimo e, mantendo-os comigo por mais tempo do que podiam suportar aqueles que desejavam ardentemente tê-los, aqueles livros me foram subtraídos, embora não estivessem ainda corrigidos como deveria e poderia fazer, quando quisesse publicá-los. Quando percebi isso, visto que nos ficaram alguns exemplares, decidi não os publicar, mas conservá-los para dizer em outro opúsculo meu o que aconteceu a respeito deles. Todavia, pressionado pelos irmãos, aos quais não consegui resistir, corrigi-os quanto julguei necessário, completei a obra e publiquei-a, acrescentando-lhe, no início, uma carta dirigida ao venerável Aurélio, bispo da Igreja de Cartago, na qual, como num prólogo, expus o que aconteceu, o que tinha em mente fazer e o que havia feito por pressão da caridade dos irmãos.

15.2 No undécimo livro, tratando do corpo visível, disse: *Por isso, amá-lo é sinal de loucura.* Isso foi dito segundo o amor pelo qual algo é de tal modo amado que, gozando dele, pensa-se que é feliz quem o ama. Mas não é sinal de loucura amar a beleza corporal em louvor ao Criador, para que, gozando do próprio Criador, alguém possa ser feliz. Igualmente, no mesmo livro disse: *Também não me recordo de uma ave quadrúpede, porque não a vi, mas facilmente imagino a sua imagem se a alguma ave que vi acrescento outros dois pés.* Dizendo isso, não fui capaz de recordar-me de aves quadrúpedes mencionadas pela lei (cf. Lv 11,20). Ela não enumera entre os pés as duas pernas posteriores com as quais os gafanhotos saltam, pois esses são denominados puros, distinguindo-os assim das aves imundas que não saltam com tais pernas, como os escaravelhos. Mas todas as aves desse tipo são chamadas quadrúpedes pela Lei.

15.3 No duodécimo livro não me satisfaz a explicação das palavras do Apóstolo, onde diz: *Qualquer pecado que o homem comete é fora do corpo* (1Cor 6,18). Quanto ao que foi dito: *Quem comete fornicação peca contra o próprio corpo,* penso que não deve ser entendido no sentido que se mancha de fornicação aquele que realiza uma ação para obter os prazeres que se apresentam ao corpo e põe nisso o fim de seu bem. Esse comportamento inclui um número bem maior de pecados do que a fornicação, que se comete numa união ilícita e da qual o Apóstolo parece falar na passagem citada.

Esta obra, excluída a carta que só depois coloquei no início, começa assim: *Lecturus haec quae de Trinitate disserimus.* [Quem ler estas coisas que vamos expor sobre a Trindade.]

16

O CONSENSO DOS EVANGELISTAS

Quatro livros

16. Nos mesmos anos em que pouco a pouco ditava os livros sobre *A Trindade,* escrevi também outros trabalhos, intercalando-os entre aqueles tempos, nos quais estão quatro livros sobre *O consenso dos evangelistas,* por causa daqueles que os caluniavam como se estivessem em desacordo. O primeiro deles é escrito contra aqueles que honram ou fingem honrar a Cristo, sobretudo, como sábio, e não creem no evangelho porque não foi escrito por Ele, mas por seus discípulos que, erradamente, atribuem-lhe a divindade pela qual creem que é Deus. Nesse livro, disse que *o povo dos hebreus teve origem em Abraão* e, por isso, é também crível que os hebreus parecem ter origem dos *Abraeus,* mas é mais provável entender que sejam chamados assim devido a Heber e daí originalmente hebereus. Desse assunto tratei bastante no décimo sexto livro de *A cidade de Deus.* No segundo, tratando dos dois pais de José, afirmei que foi gerado pelo primeiro e adotado pelo segundo. Mas deveria ter dito: adotado para o primeiro, isto é, para o falecido, porque deve-se crer que fora adotado segundo a lei, porque quem o gerara havia desposado sua mãe, enquanto esposa do irmão falecido. Igualmente onde disse: *Lucas, porém, sobe ao próprio Davi por Natã e, por meio desse profeta, Deus expiou o pecado dele.* Deveria dizer: *Por meio de um profeta daquele nome,* para não se julgar que se tratasse da mesma pessoa, embora o nome fosse igual.

Esta obra começa assim: *Inter omnes divinas auctoritates.* [Entre todas as divinas autoridades.]

17

CONTRA A CARTA DE PARMENIANO

Três livros

17. Nos três livros chamados *Contra a carta de Parmeniano*, bispo dos donatistas de Cartago, sucessor de Donato, discute-se e se resolve uma grande questão: Se na unidade e na comunhão dos mesmos sacramentos os maus podem contaminar os bons e discute-se como não contaminam por causa da Igreja espalhada por todo o mundo, e que caluniando produziram o cisma. No terceiro livro, discutindo como se deve entender o que diz o Apóstolo: *Tirai do meio de vós o que é mau* (1Cor 5,13), havia entendido que significasse que *cada um devia tirar o mal de si mesmo*, mas é antes o homem mau que deve ser afastado dos homens bons, o que acontece pela disciplina eclesiástica; isso é bem indicado pela língua grega, onde sem ambiguidade está escrito, para ser compreendido: "esse mau", não "esse mal", embora tenha respondido assim também a Parmeniano.

Esta obra começa assim: *Multa quidem alias adversus donatistas*. [Em outra ocasião (escrevi) muitas coisas contra os donatistas.]

18

O BATISMO

Sete livros

18. Contra os donatistas, que procuravam encontrar defesa na autoridade do beatíssimo bispo e mártir Cipriano, escrevi sete livros sobre *O batismo,* nos quais demonstrei que, para refutar os donatistas e fechar definitivamente sua boca, para não defenderem seu cisma contra a Igreja Católica, nada é mais eficaz do que os escritos e o comportamento de Cipriano. Onde quer que naqueles livros eu tenha falado de *uma Igreja sem manchas nem rugas* (Ef 5,27), não se deve entender como se já o seja, mas que se prepara para sê-lo quando aparecer também gloriosa. Agora, porém, por causa de alguma ignorância e fraqueza de seus membros, toda ela deve dizer diariamente: *Perdoai-nos as nossas ofensas* (Mt 6,12). No quarto livro, ao dizer que *o sofrimento pode substituir o batismo,* coloquei o não suficientemente idôneo exemplo daquele ladrão, que é incerto se ele recebeu o batismo. No livro sétimo, a propósito dos vasos de ouro e de prata postos numa grande casa, segui a interpretação de Cipriano, que considerava a estes como bons e aqueles de madeira e de argila como maus, referindo aos primeiros o que foi dito: *uns para usos honrosos,* aos segundos, porém, o que foi dito: *outros, porém, para usos vis* (cf. 2Tm 2,20). Mas aprovo mais aquilo que encontrei depois e que percebi em Ticônio, que em ambas as categorias há vasos para usos honrosos, não só nos de ouro e prata, e do mesmo modo, em ambas as categorias, há vasos para usos vis, não só nos de madeira e de argila.

Esta obra inicia assim: *In eis libris quos adversus epistolam Parmeniani.* [Nos livros que escrevi contra a carta de Parmeniano.]

19

CONTRA AQUILO QUE CENTÚRIO TROUXE DOS DONATISTAS

Livro único

19. Quando mantínhamos, com frequência, muitas disputas *contra o partido de Donato,* um leigo, que então fazia parte do seu grupo, trouxe para a Igreja algumas coisas ditadas ou escritas como que com poucos testemunhos que julgam sufragar as suas causas. A eles respondi brevemente. O título desse livreto é: *Contra aquilo que Centúrio trouxe dos donatistas.*

E começa assim: *Dicis eo quod scriptum est a Salomone: Ab aqua aliena abstine te.* [Dizes porque foi escrito por Salomão: Abstém-te da água roubada (Pr 9,18 - seg. LXX).]

20

RESPOSTAS ÀS PERGUNTAS DE JANUÁRIO

Dois livros

20. Os dois livros cujo título é: *Respostas às perguntas de Januário,* contêm muitas discussões sobre os sacramentos, quer sobre aquilo que a Igreja observa universalmente, quer aquilo que observa particularmente, isto é, não do mesmo modo em todos os lugares; e não se pôde falar de todos, mas deu-se resposta adequada a todas as perguntas. O primeiro desses livros é uma carta; traz no começo quem escreve e para quem se escreve. Mas esta obra é enumerada entre os meus livros, porque o seguinte, que não tem os nossos nomes, é muito mais longo e trata de um número maior de assuntos. No primeiro livro, a propósito do maná, disse que *para cada um tinha na boca o gosto conforme a própria vontade,* mas não me ocorre onde possa confirmar isso a não ser pelo livro da *Sabedoria* (Sb 16,21), que os judeus não aceitam como autoridade canônica. Todavia, isso pôde provir dos fiéis e não daqueles que murmuravam contra Deus, pois, de fato, não desejavam outros alimentos senão o maná que, assumido, tivesse o sabor que desejavam.

Esta obra começa assim: *Ad ea quae me interrogasti.* [Quanto às coisas que me perguntaste.]

21

O TRABALHO DOS MONGES

Livro único

21. Foi a necessidade que me obrigou a escrever o livro sobre *O trabalho dos monges.* Quando em Cartago começaram a existir mosteiros, alguns consentiam viver de suas mãos, obedecendo ao Apóstolo (cf. 1Ts 4,11), outros, porém, queriam viver das ofertas das pessoas religiosas, nada fazendo para ter ou suprir suas necessidades, antes, julgavam e se gloriavam de cumprir o preceito evangélico onde o Senhor diz: *Olhai as aves do céu e os lírios do campo* (Mt 6,26.28). Daí, também entre os leigos de propósitos inferiores, mas de temperamento fogoso, começaram a existir agitados combates que perturbaram a Igreja, uns defendendo uma posição, outros, a outra. Então, acontecia que os crinitos, isto é, de cabelos longos, eram alguns daqueles que diziam que deviam abster-se de trabalho. Assim cresciam as discussões entre acusadores de um lado e defensores do outro, conforme o esforço das partes. Por causa disso, o venerável ancião Aurélio, bispo da Igreja da cidade, ordenou-me que escrevesse algo, e o fiz.

Este livro começa assim: *Iussioni tuae, sancte frater Aureli.* [Por ordem tua, santo irmão Aurélio.]

22

O BEM CONJUGAL

Livro único

22. A heresia de Joviniano, que igualava o mérito das sagradas virgens à castidade conjugal, prevaleceu tanto na cidade de Roma a ponto de dizer-se que até algumas religiosas, de cuja castidade jamais houvera suspeição alguma, lançaram-se às núpcias, dizendo que sobre elas pressionava, sobretudo, o argumento: Tu, portanto, és melhor do que Sara, melhor do que Susana ou Ana? E recordava as outras louvabilíssimas mulheres pelo testemunho da santa Escritura, às quais elas não podiam pensar em ser melhores ou mesmo iguais. Desse modo, Joviniano também quebrava o santo celibato de homens santos, recordando e comparando-os aos padres casados. A santa Igreja que ali estava resistiu a esse monstro com muita fidelidade e muita força. Mas estas discussões permaneceram em pequenas conversas e sussurros, e ninguém ousava aconselhar publicamente. Mas, com a faculdade que Deus me dava, foi preciso correr ao encontro de tais venenos que, ocultamente, se difundiam, sobretudo porque se gloriavam de que ninguém podia responder a Joviniano com louvor ao matrimônio, mas só com censura. Por isso, publiquei este livro, cujo título é *O bem conjugal*. Ali foi adiada a grande questão sobre a propagação dos filhos antes que os homens merecessem a morte pelo pecado, porque o tema da obra parecia referir-se à união dos corpos mortais; mas, penso que está suficientemente explicado depois em outros escritos nossos.

22.2 Em algum lugar também disse: *Aquilo que o alimento é para a saúde do homem, a união conjugal é para a saúde do gênero humano e para ambos não é sem prazer carnal, mas este, moderado e reduzido pelo freio da temperança ao uso na-*

tural, não pode ser libido. Isso é dito assim, porque não é libido o bom e correto uso da libido. Pois, assim como o mal é o mau uso dos bens, da mesma forma é um bem o bom uso dos males. Desse assunto tratei com mais diligência em outro lugar, sobretudo contra os novos hereges pelagianos. Não aprovo plenamente o que disse de Abraão, isto é, que pela obediência *o pai Abraão, que não viveu sem mulher, estava preparado por obediência a ficar sem seu único filho, morto por ele*. Deve-se antes crer que ele acreditava que seu filho, se fosse morto, ter-lhe-ia sido restituído logo pela ressurreição, como se lê na Carta aos Hebreus (Hb 11,19).

Este livro começa assim: *Quoniam unusquisque homo, humani generis pars est*. [Porque cada homem é parte do gênero humano.]

23

A SANTA VIRGINDADE

Livro único

23. Após ter escrito *O bem conjugal,* esperava-se que escrevesse sobre *A santa virgindade*; e não adiei, mas quanto pude, nos limites de um único livro, mostrei quão grande é este dom de Deus e com quanta humildade deve ser guardado.

Este livro começa assim: *Librum de bono conjugali nuper edidimus.* [Recentemente publicamos um livro sobre o bem conjugal.]

24

COMENTÁRIO LITERAL AO GÊNESIS

Doze livros

24.1 No mesmo tempo, escrevi doze livros sobre o *Gênesis*, do início até Adão ser expulso do paraíso, quando *uma espada de fogo foi colocada para proteger o caminho da árvore da vida* (Gn 3,24). Mas, quando terminados os onze livros cheguei a este ponto, acrescentei o duodécimo, no qual se disserta com mais diligência sobre o paraíso. O título desses livros é *Comentário literal ao Gênesis*, isto é, não segundo interpretações alegóricas, mas segundo a propriedade dos fatos históricos. Nessa obra existem muito mais questões que descobertas e as que são descobertas, poucas são demonstradas, as demais coisas são ali apresentadas de modo a necessitar mais investigação. Na verdade, iniciei esses livros depois, mas terminei-os antes de *A Trindade*. Por isso, falo deles agora, segundo a ordem em que os iniciei.

24.2 No quinto livro e onde nesses livros falei *da estirpe à qual foi feita a promessa, e que foi deposta pelos anjos na mão do Mediador*, o Apóstolo não diz assim, como verifiquei depois em manuscritos mais verdadeiros, sobretudo gregos. Pois sobre a Lei foi dito o mesmo que muitos manuscritos latinos, por um erro de tradução, apresentam sobre a estirpe. No sexto livro, o que disse: *Pelo pecado, Adão perdeu a imagem de Deus segundo a qual foi criado*, não deve ser entendido no sentido que nele nada restou da imagem, mas que era tão disforme que teria necessidade de reforma. No duodécimo, parece-me que deveria ter ensinado mais que os infernos estão debaixo da terra, do que explicar por que se crê ou se diz que está debaixo da terra, como se não fosse assim.

Esta obra começa assim: *Omnis divina Scriptura bipertita est.* [Toda a divina Escritura está dividida em duas partes.]

25

CONTRA AS CARTAS DE PETILIANO

Três livros

25. Antes de terminar os livros sobre *A Trindade* e os livros do *Comentário literal do Gênesis*, surgiu a necessidade de responder às cartas do donatista Petiliano, escritas por ele contra a Igreja Católica e que não pude adiar. E sobre isso escrevi três volumes, no primeiro dos quais respondi com a rapidez e verdade que pude à primeira parte da carta que ele escreveu aos seus, porque não chegara toda às nossas mãos, mas só pequena parte da primeira. Mas a própria carta é também para os nossos e, por isso, está colocada entre os livros, porque os outros dois tratam da mesma causa. Depois encontramos a carta inteira e lhe respondi com tanta diligência quanta respondi ao maniqueu Fausto, isto é, pondo particularmente sob seu nome as suas palavras e acrescentando sob meu nome cada uma das minhas respostas. Mas o que tinha escrito primeiro, antes de encontrarmos a carta inteira, chegou a Petiliano que, irado, tentou responder, dizendo contra mim o que bem entendia, mas absolutamente nada sobre a causa. E embora isso pudesse facilmente ser percebido comparando os nossos escritos, todavia esforcei-me por demonstrá-lo com minhas respostas, pensando nos menos cautelosos. Assim, à nossa obra foi acrescentado o terceiro livro.

Esta obra, no primeiro livro, começa assim: *Nostis nos saepe voluisse* [Soubestes que muitas vezes quisemos];

no segundo assim: *Primis partibus epistolae Petiliani* [Nas primeiras partes da carta de Petiliano];

no terceiro assim: *Legi, Petiliane, litteras tuas* [Li, Petiliano, as tuas cartas].

26

AO GRAMÁTICO CRESCÔNIO DO PARTIDO DE DONATO

Quatro livros

26. Também um certo gramático donatista, Crescônio, tendo encontrado a minha carta com a qual ataquei as primeiras partes da carta de Petiliano que então chegaram às nossas mãos, julgou que devia responder-me e por isso me escreveu. A essa sua obra respondi com quatro livros, de maneira que em três livros terminei tudo o que a resposta exigia. Mas, ao ver que podia responder a tudo o que havia escrito a respeito da única causa dos maximianistas, que seus cismáticos condenaram, mas receberam alguns nas suas honras sem repetir o batismo recebido fora de sua comunhão, acrescentei, então, um quarto livro, no qual confirmava tudo com o maior empenho e com a maior clareza possível. Porém, quando escrevi esses quatro livros, o Imperador Honório já tinha promulgado as leis contra os donatistas.

Esta obra começa assim: *Quando ad te, Cresconi, mea scripta pervenire possent ignorans.* [Não sabendo, Crescônio, quando meus escritos possam chegar a ti.]

27

PROVAS E TESTEMUNHOS CONTRA OS DONATISTAS

Livro único

27. Depois disso, procurei fazer chegar aos donatistas a necessária documentação contra seu erro e a favor da verdade católica, tomando-a das *Atas eclesiásticas,* das públicas e das Escrituras canônicas. Primeiramente, dirigi a eles as mesmas promessas que, se fosse possível, eles próprios as pedissem. E como chegassem às mãos de alguns deles, houve não sei quem que, calando o nome, polemizou contra esse escrito, confessando ser donatista, como se esse fosse o seu nome. Respondendo-lhe, escrevi um outro livro. Uni, então, a documentação que havia prometido no breve escrito em que a promessa fora formulada e fiz um só opúsculo, tornando-o público, mandando expô-lo nas paredes da basílica que fora dos donatistas. O título é: *Provas e testemunhos contra os donatistas.* Nesse livro não colocamos na ordem certa a absolvição de Félix de Aptunga, que havia ordenado Ceciliano, e que depois nos foi esclarecido por meio de um diligente controle dos cônsules: registrei que tivesse sido absolvido depois de Ceciliano, mas aconteceu antes. Recordei também o testemunho do Apóstolo Judas, onde diz: *Estes são os que provocam divisões, homens sensuais que não têm espírito* (Jd 19), e acrescentei dizendo: *Dos quais também o Apóstolo Paulo diz: Mas o homem físico não percebe as coisas que são do Espírito de Deus* (1Cor 2,14). Estes não devem ser igualados àqueles que o cisma separou completamente da Igreja. De fato, desses o mesmo Apóstolo diz que são *pequenos de Cristo,* que Ele nutre com leite, pois ainda não conseguem receber alimento

sólido; mas os outros não devem ser contados entre os filhos, mas entre os mortos e perdidos, para que, se algum deles se corrigir e for unido à Igreja, dele se possa dizer: *Estava morto e tornou a viver, estava perdido e foi encontrado* (Lc 15,32; cf. 1Cor 3,1-2).

Este livro começa assim: *Qui timetis consentire Ecclesiae Catholicae.* [Vós que tendes medo de dar consenso à Igreja Católica.]

28

CONTRA UM DONATISTA DESCONHECIDO

Livro único

28. Eu quis que o título do segundo livro que mencionei acima fosse: *Contra um donatista desconhecido.* Também nesse livro não é exata a absolvição daquele que ordenara Ceciliano. Igualmente o que disse: *A grande quantidade de joio* (cf. Mt 13,36), *onde estão compreendidas todas as heresias,* falta-lhe uma conjunção necessária; de fato, deveria ter dito: *Onde estão compreendidas também todas as heresias,* ou: *Onde estão compreendidas igualmente todas as heresias.* Agora, porém, está dito assim, como se somente existisse joio fora da Igreja e não também na Igreja, já que ela é o reino de Cristo, do qual os anjos eliminarão todos os escândalos no tempo da messe (cf. Mt 13,41). Daí que também o mártir Cipriano diz: *Embora pareça que na Igreja exista joio, isso não deve impedir a nossa fé ou caridade, de modo que pelo fato de percebermos que existe joio na Igreja não devemos afastar-nos dela.* Defendemos esse sentido também em outras ocasiões, sobretudo na reunião havida na presença dos próprios donatistas.

Este livro começa assim: *Probationes rerum necessariarum quodam breviculo collectas promisimus.* [Prometemos as provas das coisas necessárias reunidas num pequeno escrito.]

29

ADMOESTAÇÃO AOS DONATISTAS SOBRE OS MAXIMIANISTAS

Livro único

29. Tendo percebido que muitos, pela dificuldade de ler, estão impedidos de aprender quanto é irracional e falso o partido de Donato, compus um brevíssimo livrinho, no qual julguei que devia adverti-los apenas sobre os maximianistas, para que, pela facilidade de tirar cópias, pudesse chegar às mãos de muitos e pela própria brevidade pudesse facilmente ser memorizado. A ele pus o título: *Admoestação aos donatistas sobre os maximianistas.*

Este livro começa assim: *Quicumque calumniis hominum et criminationibus movemini.* [Todos vós que vos perturbais com as calúnias e acusações dos homens.]

30

A ADIVINHAÇÃO DOS DEMÔNIOS

Livro único

30. Na mesma época, após uma discussão, surgiu-me a necessidade de escrever um livrinho sobre *A adivinhação dos demônios*, cujo título é esse mesmo. Mas nele, em algum lugar, disse: *Algumas vezes, os demônios captam, com toda a facilidade, as disposições dos homens, não só as manifestadas verbalmente, mas também as concebidas pelo pensamento, quando alguns sinais são expressos da alma para o corpo*. Falei de uma coisa muito misteriosa com uma afirmação mais ousada do que devia; pois foi descoberto que estas coisas podem chegar ao conhecimento dos demônios também por algumas experiências. Mas, se forem dados alguns sinais vindos do corpo, sensíveis para eles, porém ocultos para nós, ou se os conhecem por alguma força, mesmo espiritual, ou muito dificilmente os homens podem descobri-los, ou absolutamente não podem.

Este livro começa assim: *Quodam die in diebus sanctis Octavarum*. [Certo dia, nos dias santos das Oitavas.]

31

SOLUÇÃO DE SEIS QUESTÕES CONTRA OS PAGÃOS

31. Enquanto isso, foram-me enviadas de Cartago seis questões, apresentadas por um certo amigo que eu desejava fazê-lo cristão; ele dizia que eram para serem resolvidas contra os pagãos, porque algumas delas foram propostas, sobretudo, pelo filósofo Porfírio. Mas creio não ser aquele Porfírio de origem siciliana, cuja fama é celebérrima. Recolhi as discussões dessas questões em um livro não extenso, cujo título é: *Solução de seis questões contra os pagãos.*

A primeira questão é: *A ressurreição.*

A segunda: *O tempo da religião cristã.*

A terceira: *A distinção dos sacrifícios.*

A quarta: *Sobre o que está escrito: Com a medida com que medirdes, sereis medidos também vós* (Mt 7,2).

A quinta: *O Filho de Deus segundo Salomão.*

A sexta: *O Profeta Jonas.*

Na segunda delas, eu disse: *A salvação desta religião, a única pela qual é prometida realmente a verdadeira salvação, jamais faltou a alguém que fosse digno; e a quem faltou, não foi digno.* Não falei assim como se alguém fosse digno por seus méritos, mas como diz o Apóstolo: *Não em vista das obras, mas por causa daquele que chama* foi dito: *O maior servirá o menor* (Rm 9,12-13). E este chamado, afirma, pertence a uma decisão de Deus. Por isso, diz: *Não por vossas obras, mas segundo o seu beneplácito e a graça* (2Tm 1,9); por isso disse também: *Sabemos que todas as coisas concorrem para o bem daqueles que amam a Deus, para o bem daqueles que, segundo o seu desígnio, foram chamados santos* (Rm 8,28). E desse chamado diz: *Para que vos faça dignos de sua santa vocação* (2Ts 1,11).

Este livro, depois da carta que sucessivamente foi publicada, começa assim: *Movet quosdam et requirunt.* [Causa dificuldade a alguns e perguntam.]

32

EXPLICAÇÃO DA CARTA DE TIAGO ÀS DOZE TRIBOS

32. Entre os meus opúsculos encontrei uma *Explicação da carta de Tiago*, que, ao retratá-la, percebi tratar-se antes de anotações das explicações de algumas passagens recolhidas num livro pela diligência dos irmãos, que não quiseram que ficassem na capa do manuscrito. Portanto, ajudam pouco; apenas que da própria carta que líamos quando ditávamos as notas não tínhamos uma boa tradução do grego.

Este livro começa assim: *Duodecim tribubus quae sunt in dispersione, salutem.* [Às doze tribos que estão na dispersão, saudação.]

33

O CASTIGO E O PERDÃO DOS PECADOS E O BATISMO DAS CRIANÇAS

A Marcelino

Três livros

33. Surgiu também a necessidade que me obrigou a escrever contra uma nova heresia pelagiana, contra a qual não agimos primeiramente com escritos, mas com sermões e conferências, conforme cada um de nós podia ou devia. Portanto, tendo-me sido enviadas de Cartago as questões que eles punham para ser resolvidas por escrito, primeiramente escrevi três livros, cujo título é: *O castigo e o perdão dos pecados*. Neles discute-se, sobretudo, sobre o batismo das crianças por causa do pecado original e da graça de Deus, pela qual somos justificados, isto é, tornamo-nos justos; embora, nesta vida, ninguém *observa os mandamentos* da justiça, sem que lhe seja necessário orar por seus pecados e dizer: *Perdoai-nos as nossas ofensas* (Mt 6,12). Pensando contra tudo isso, eles fundaram uma nova heresia. Nesses livros, porém, julguei que ainda devia calar os nomes deles, esperando que, assim, poderia corrigi-los mais facilmente. Mesmo assim, no terceiro livro, que é uma carta, mas que está entre os livros, porque julguei uni-la aos outros dois, coloquei o nome do próprio Pelágio, não sem algum louvor porque sua vida era elogiada por muitos, e critiquei aquilo que em seus escritos ele não pôs pessoalmente, mas aquilo que expôs como dito por outros, mesmo se depois, sendo já herege, ele defendeu essas ideias com a mais obstinada animosidade. Embora Celéstio, seu discípulo, por causa de tais afirmações tenha merecido a excomunhão num processo que lhe foi movido em Cartago

por um tribunal episcopal, do qual não participei. Numa passagem do segundo livro disse: *No fim, isso será concedido a alguns para não sentirem a morte graças à repentina mudança,* dando lugar a uma mais diligente investigação sobre o assunto. Pois, ou não morrerão, ou passando *num abrir e fechar de olhos* (1Cor 15,52) desta vida para a morte e da morte para a vida eterna, não sentirão a morte pela rapidíssima transformação.

Esta obra começa assim: *Quamvis in mediis et magnis curarum aestibus.* [Embora nos médios e grandes tumultos dos cuidados.]

34

O ÚNICO BATISMO, CONTRA PETILIANO

A Constantino

Livro único

34. No mesmo período, um certo amigo meu recebeu de um desconhecido sacerdote donatista um livro sobre *O único batismo,* indicando que teria sido escrito por Petiliano, bispo de Constantina. Trouxe-o a mim e pediu-me, com veemência, que lhe respondesse; e fiz isso. Além disso, quis que também o meu livro, no qual respondi, tivesse o mesmo título: *O único batismo*. Aquilo que disse nesse livro: *O Imperador Constantino não havia recusado a faculdade da acusação dos donatistas, que haviam incriminado Félix de Aptunga, aquele que ordenou Ceciliano, embora tivesse admitido que eles recorreram a falsas calúnias contra Ceciliano.* Mais tarde, tendo considerado a ordem dos tempos, descobri que foi diferente. Pois antes, o mencionado imperador fez que a causa de Félix fosse ouvida pelo procônsul, onde se lê que foi absolvido; depois ele próprio ouviu Ceciliano com seus acusadores, e o considerou inocente e foi então que percebeu que eles recorriam a calúnias para acusá-lo. Esta ordem dos tempos declarada pelos cônsules convence com mais veemência sobre as calúnias dos donatistas nessa causa e as destrói, como demonstramos em outro lugar.

Este livro começa assim: *Respondere diversa sentientibus.* [Responder aos que pensam diferente.]

35

OS MAXIMIANISTAS CONTRA OS DONATISTAS

Livro único

35. Entre outras coisas, escrevi também um livro contra os donatistas, não brevíssimo como antes, mas grande e com mais diligência. Nele aparece como a causa dos maximianistas, que se separaram do próprio partido de Donato, basta para subverter seu ímpio e muito soberbo erro contra a Igreja Católica.

Este livro começa assim: *Multa iam diximus, multa iam scripsimus.* [Muitas coisas já dissemos e muitas já escrevemos.]

36

A GRAÇA DO NOVO TESTAMENTO

A Honorato

Livro único

36. No mesmo tempo no qual nos ocupávamos contra os donatistas e já havíamos iniciado a lutar contra os pelagianos, um certo amigo enviou-me de Cartago cinco questões e pediu-me que as explicasse por escrito. E são as seguintes:

O que significa a exclamação do Senhor: Meu Deus, meu Deus, por que me abandonaste? (Sl 21,1; Mt 27,46).

O que significa aquilo que diz o Apóstolo: Para que arraigados e fundados na caridade possais compreender, com todos os santos, qual seja a largura e o comprimento, a altura e a profundidade (Ef 3,17-18).

Quem são as cinco virgens tolas e as cinco sábias (Mt 25,1ss.).

O que são as trevas exteriores (Mt 22,13).

Como deve-se entender: O Verbo se fez carne (Jo 1,14).

Eu, porém, vendo que a dita heresia era a nova inimiga da graça de Deus, propus-me uma sexta questão: *A graça do Novo Testamento*. Discorrendo sobre ela e intercalando a explicação do salmo 21 que, no início, traz o que o Senhor exclamou na cruz e que aquele amigo propôs que fosse explicado por primeiro, resolvi aquelas cinco questões, não na ordem em que foram propostas, mas adaptando-as no lugar conveniente à minha dissertação sobre *A graça do Novo Testamento*.

Este livro começa assim: *Quinque mihi proposuisti tractandas quaestiones*. [Propuseste-me que tratasse de cinco questões.]

37

O ESPÍRITO E A LETRA

A Marcelino

Livro único

37. Aquele ao qual eu havia escrito três livros, cujo título é: *O castigo e o perdão dos pecados*, onde se discute diligentemente também sobre o batismo das crianças, voltou a escrever-me, afirmando ter-se impressionado por eu ter dito que um homem pode ser sem pecado se, com a ajuda divina, não lhe faltar a vontade, embora nesta vida não existiu, nem existe ou existirá alguém de justiça tão perfeita. Com efeito, perguntou-me como eu podia afirmar essa possibilidade se não há exemplos disso. Por causa dessa sua pergunta escrevi um livro, cujo título é: *O espírito e a letra*, que trata da afirmação do Apóstolo: *A letra mata, mas o espírito vivifica* (2Cor 3,6). Nesse livro, na medida em que Deus me ajudou, discuti com força contra os inimigos da graça de Deus pela qual o ímpio é justificado. Ao tratar das observâncias dos judeus, que se abstêm de alguns alimentos segundo a lei antiga, disse: *Cerimônias de alguns alimentos*, um nome que não é de uso das santas Letras. Todavia, pareceu-me adequado, pois guardava na memória que *cerimônias* é quase como *carimônias*, que deriva do verbo *carecer*, enquanto aqueles que os observam carecem dos alimentos dos quais se abstêm. Se outra é a origem desse termo, que se opõe à verdadeira religião, não é a ele que eu me referi, mas segundo o que acima mencionei.

Este livro começa assim: *Lectis opusculis quae ad te nuper elaboravi, fili carissime Marcelline.* [Lidos os opúsculos que recentemente elaborei para ti, caríssimo filho Marcelino.]

38

A FÉ E AS OBRAS

Livro único

38. Nesse meio-tempo, alguns irmãos, na verdade leigos, mas estudiosos das palavras divinas, enviaram-me alguns escritos, que distinguiam entre as boas obras e a fé e exortavam não ser possível chegar à vida eterna sem a fé, mas é possível sem aquelas. Respondendo a eles, escrevi um livro, cujo nome é: *A fé e as obras*. Nele discuti não só como deviam viver os que foram regenerados pela graça de Deus, mas também aqueles que deviam ser admitidos *ao banho da regeneração* (Tt 3,5).

Este livro começa assim: *Quibusdam videtur.* [A alguns parece.]

39

SUMÁRIO DA CONFERÊNCIA COM OS DONATISTAS

Três livros

39. Depois que se realizou o nosso encontro com os donatistas, recordei brevemente o que aconteceu e reuni por escrito o que debatemos com eles durante três dias. Considerei útil a obra, porque permite a cada um informar-se, sem dificuldades, sobre o que se fez ou, consultados os números que anotei a cada momento, ler nas Atas completas no lugar onde quiser, porque a demasiada prolixidade cansa o leitor. Essa obra tem o título: *Sumário da conferência*.

Esta obra começa assim: *Cum catholici episcopi et partis Donati.* [Quando os bispos católicos e os do partido de Donato.]

40

DEPOIS DO DEBATE CONTRA OS DONATISTAS

Livro único

40. Escrevi também um livro bastante extenso, pelo que julgo, com muita diligência, aos próprios donatistas depois do debate que tivemos com seus bispos para evitar que fôssemos ulteriormente seduzidos por eles; nele respondi também a algumas vaidades deles que puderam chegar até nós, nas quais, vencidos, gloriavam-se onde podiam e como podiam, além daquilo que disse nas atas do debate, em que se sabe brevemente o que aconteceu. Porém, tratei muito mais brevemente. Mas tratei muito mais brevemente sobre isso numa carta novamente dirigida a eles; mas porque todos os presentes decidiram seu envio ao Concílio da Numídia, ela não está incluída entre as minhas cartas. De fato, começa assim: *O ancião Silvano, Valentim, Inocêncio, Maximino, Optato, Agostinho, Donato e os outros bispos do Concílio de Zerta aos donatistas.*

Este livro começa assim: *Quid adhuc, Donatistae, seducimini?* [O que ainda vos seduz, donatistas?]

41

A VISÃO DE DEUS

Livro único

41. Escrevi um livro sobre *A visão de Deus*, no qual adiei uma investigação mais cuidadosa sobre o corpo espiritual que existirá na ressurreição dos santos, onde expliquei se ou como *Deus, que é espírito* (Jo 4,24), possa ser visto também em tal corpo; dessa questão, aliás muito difícil, penso ter fornecido uma solução suficiente no último, isto é, no vigésimo segundo livro de *A cidade de Deus*. Encontrei também em algum manuscrito nosso, no qual está também esse livro, uma lembrança que fiz sobre esse assunto dirigida a Fortunaciano, bispo de Sicca. No índice das minhas obras, porém, ela não está registrada nem entre os livros nem entre as cartas.

Este livro começa assim: *Memor debiti*. [Lembrado da dívida.] Quanto à lembrança começa assim: *Sicut praesens rogavi et nunc commoneo*. [Assim como pedi pessoalmente e agora te exorto.]

42

A NATUREZA E A GRAÇA

Livro único

42. Então, chegou às minhas mãos também um livro de Pelágio, no qual, com a argumentação que pôde, defendeu a natureza do homem contra a graça de Deus, pela qual o ímpio é justificado e nós somos cristãos. Portanto, o livro pelo qual lhe respondi, defendendo a graça não contra a natureza, mas a natureza pela qual se é libertado e governado, chamei-o *A natureza e a graça.* Nele defendi de tal modo algumas palavras que Pelágio atribui a Sisto, bispo de Roma e mártir, como se a ele verdadeiramente pertencessem; de fato, eu pensava isso. Mas depois li que eram do filósofo Séstio, não o Sisto cristão.

Este livro começa assim: *Librum quem misistis.* [O livro que enviastes.]

43

A CIDADE DE DEUS

Vinte e dois livros

43.1 Nesse ínterim, Roma foi arrasada pela invasão dos godos, guiados pelo Rei Alarico, e com a violência de uma grande calamidade. Os cultuadores dos muitos e falsos deuses, que costumamos chamar de pagãos, tentando relacionar o fato à religião cristã, começaram a blasfemar mais acerba e amargamente contra o Deus verdadeiro. Por isso, ardendo de *zelo pela casa de Deus* (Sl 68,10; Jo 2,17), decidi escrever livros sobre *A cidade de Deus* contra as suas blasfêmias e erros. Essa obra ocupou-me por alguns anos, pois apareciam muitas outras coisas que não convinha adiar e me pediam que as resolvesse antes. Essa grande obra sobre *A cidade de Deus*, porém, ficou terminada com vinte e dois livros. Os cinco primeiros livros refutam aqueles que desejam de tal modo a prosperidade das coisas humanas, pensando que para isso seja necessário o culto aos muitos deuses que os pagãos costumam cultuar e, porque tal culto é proibido, lutam para mostrar que daí se originam e abundam esses males. Os cinco livros seguintes falam contra aqueles segundo os quais, na vida dos mortais, esses males jamais faltaram e não faltarão no futuro e, ora grandes ora pequenos, variam segundo os lugares, os tempos e as pessoas, mas julgam que o culto aos muitos deuses, pelo qual lhes oferecem sacrifícios, é útil por causa da vida futura depois da morte. Esses dez livros, pois, refutam essas duas vãs opiniões contrárias à religião cristã.

43.2 Mas, para que ninguém nos recrimine por criticarmos somente as teorias dos outros sem expor as nossas, disso trata a segunda parte dessa obra, que compreende doze livros, embora, onde foi necessário, também nos dez primeiros livros apresentemos as nossas coisas e nos doze posteriores redarguimos as contrárias. Portanto, desses doze livros seguintes, os quatro primeiros contêm o nascimento das duas cidades, aquela de Deus e aquela do mundo; os quatro seguintes tratam de sua evolução e do seu progresso; os outros quatro, que são também os últimos, tratam dos fins que lhes são devidos. Assim, os vinte e dois livros, embora tratem de ambas as cidades, receberam o título da melhor, para que se chamasse *A cidade de Deus.* No décimo livro não deveria ter considerado milagre que, no sacrifício de Abraão, uma chama vinda do céu percorreu entre as vítimas divididas (cf. Gn 15,17), porque isso lhe foi mostrado em visão. No décimo sétimo, o que se disse de Samuel, que: *Não era filho de Aarão,* deveria antes ser dito: "Não era filho de sacerdote". Na verdade, era mais conforme o costume que os filhos dos sacerdotes sucediam os sacerdotes falecidos, pois entre os filhos de Aarão encontrava-se o pai de Samuel; mas não foi sacerdote, nem está entre os filhos de modo a ter sido gerado por Aarão, mas, como todos os daquele povo são chamados filhos de Israel.

Esta obra começa assim: *Gloriosissimam civitatem Dei.* [A gloriosíssima cidade de Deus.]

44

AO PRESBÍTERO ORÓSIO, CONTRA OS PRISCILIANISTAS E ORIGENISTAS

Livro único

44. Entre essas obras, respondi, com a brevidade e a perspicácia que pude, ao presbítero espanhol Orósio que consultava sobre os priscilianistas e algumas opiniões de Orígenes, reprovadas pela fé católica. O título desse opúsculo é: *A Orósio, contra os priscilianistas e origenistas*. De fato, a própria consulta foi acrescentada no começo da minha resposta.

Este livro começa assim: *Respondere tibi quaerenti, dilectissime fili Orosi.* [Responder à tua pergunta, diletíssimo filho Orósio.]

45

A ORIGEM DA ALMA E UMA SENTENÇA DE TIAGO

Ao presbítero Jerônimo

Dois livros

45. Escrevi também dois livros ao presbítero Jerônimo, residente em Belém; o primeiro sobre *A origem da alma humana* e o segundo sobre *uma sentença do Apóstolo Tiago,* onde diz: *Quem observar toda a lei e faltar num só ponto, torna-se culpado de tudo* (Tg 2,10), consultando-o sobre ambos os pontos. No primeiro, porém, não resolvi a questão que eu mesmo havia proposto; no segundo, não calei de dizer como na minha opinião a questão deveria ser resolvida, mas pedia a Jerônimo que a aprovasse. Ele respondeu louvando a minha consulta, mas disse não ter tempo de responder. Mas enquanto ele estava vivo eu não quis publicar esses livros, esperando sempre que, talvez, respondesse e pudesse publicá-los com sua resposta. Porém, depois que ele faleceu, publiquei o primeiro para que quem o ler seja admoestado, ou simplesmente não investigue como é dada a alma aos que nascem, ou aceitar, numa questão tão obscura, uma solução que não seja contrária aos claríssimos ensinamentos que a fé católica sustenta sobre o pecado original nas crianças, sem dúvida dignas de condenação, a não ser que sejam regeneradas em Cristo; publiquei também o segundo livro, para que fosse conhecida a solução da questão de que ali se trata, mesmo que a solução tenha sido dada por mim.

Esta obra começa assim: *Deum nostrum qui nos vocavit.* [Ao nosso Deus que nos chamou.]

46

A EMÉRITO, BISPO DONATISTA, DEPOIS DA CONFERÊNCIA

Livro único

46. Algum tempo depois, escrevi um livro *A Emérito, bispo dos donatistas,* que na conferência que tivemos com eles parecia defender com força a sua causa. Trata-se de um livro bastante útil, porque reúne com oportuna brevidade os argumentos pelos quais foram vencidos ou se mostram ter sido vencidos.

Este livro começa assim: *Si vel nunc, frater Emerite.* [Se ou agora, irmão Emérito.]

47

OS ATOS DE PELÁGIO

Livro único

47. No mesmo período, no Oriente, isto é, na Síria Palestina, Pelágio foi conduzido por alguns irmãos católicos a uma assembleia episcopal, na ausência daqueles que haviam preparado o libelo de acusação porque não puderam apresentar-se no dia do sínodo; ali foi ouvido por quatorze bispos que, ouvindo-o condenar os próprios dogmas, inimigos da graça de Cristo que liam no libelo contra ele, declararam-no católico. Mas quando os próprios atos chegaram às nossas mãos, escrevi um livro sobre eles para que, como absolvido, não julgasse que os juízes aprovavam também os dogmas que, se ele não os negasse, de modo algum sairia a não ser condenado.

Este livro começa assim: *Posteaquam in manus nostras.* [Depois que nas nossas mãos.]

48

A CORREÇÃO DOS DONATISTAS

Livro único

48. No mesmo período escrevi também um livro sobre *A correção dos donatistas* por causa daqueles que não queriam ser corrigidos pelas leis imperiais.

Este livro começa assim: *Laudo et gratulor et admiror*. [Louvo, congratulo-me e admiro.]

49

A PRESENÇA DE DEUS

A Dardano

Livro único

49. Escrevi um livro sobre *A presença de Deus,* no qual nossa intenção era a de vigiar, sobretudo, contra a heresia pelagiana, sem nomeá-la expressamente. Mas, nele discute-se com uma laboriosa e sutil argumentação também sobre a presença da natureza, que nós chamamos sumo e verdadeiro Deus e do seu templo.

Este livro começa assim: *Fateor me, frater dilectissime Dardane.* [Confesso que eu, irmão diletíssimo Dardano.]

50

A GRAÇA DE CRISTO E O PECADO ORIGINAL

Contra Pelágio e Celéstio

A Albino, Piniano e Melânia

Dois livros

50. Depois que a heresia pelagiana com seus autores foi convencida de seus erros e condenada pelos bispos da Igreja Romana, primeiramente por Inocêncio e depois por Zózimo, com a cooperação das cartas dos concílios africanos, escrevi dois livros contra eles, um sobre *A graça de Cristo*, o outro sobre *O pecado original*.

Esta obra começa assim: *Quantum de vestra et corporali et maxime spiritali salute gaudeamus*. [Quanto nos alegramos tanto pela vossa salvação corporal, quanto, sobretudo, pela espiritual.]

51

ATAS DO CONFRONTO COM EMÉRITO, BISPO DOS DONATISTAS

Livro único

51. Algum tempo depois do debate que tivemos com hereges donatistas, surgiu-nos a necessidade de viajar para a Mauritânia de Cesareia. E foi ali, na própria Cesareia, que vimos Emérito, bispo dos donatistas, isto é, um dos sete que eles delegaram para defender sua causa e que se empenhara, sobretudo, na mesma causa. As *Atas* eclesiásticas que se encontram nos meus opúsculos testemunham aquilo que tratamos com eles na presença dos bispos da mesma província e do povo da Igreja de Cesareia, cidade em que residia o cidadão e bispo dos referidos hereges. Ali, não encontrando o que responder, ouviu como mudo toda a minha conferência, na qual expliquei em seus ouvidos e nos de todos os presentes a única questão dos maximianistas.

Este livro, ou melhor, estas Atas começam assim: *Gloriosissimis imperatoribus Honorio duodecimo et Theodosio octavo consulibus duodecimo Kalendas Octobres Cesareae in ecclesia maiore.* [No dia 20 de setembro, no duodécimo consulado do gloriosíssimo Imperador Honório e no oitavo consulado do gloriosíssimo Imperador Teodósio, na igreja maior de Cesareia.]

52

CONTRA UM SERMÃO DOS ARIANOS

Livro único

52. Nesse ínterim, chegou às minhas mãos um sermão dos arianos sem o nome do seu autor. Após insistentes pedidos de quem o enviara a mim, respondi com a brevidade e a rapidez que me foram possíveis, juntando a minha resposta ao próprio sermão e numerando cada um dos pontos para mais facilmente perceber o que respondi a cada um deles.

Este livro, após o sermão que lhe foi acrescentado no início, começa assim: *Eorum praecedenti disputationi hac disputatione respondeo.* [Respondo com esta dissertação à precedente dissertação deles.]

53

AS NÚPCIAS E A CONCUPISCÊNCIA

A Valério

Dois livros

53. Escrevi dois livros ao ilustre senhor Conde Valério, ao ouvir que os pelagianos escreveram não sei o que a meu respeito, isto é, que teríamos condenado as núpcias ao falar do pecado original. O título desses livros é: *As núpcias e a concupiscência.* Neles eu defendia a bondade das núpcias, para não se julgar que seja um vício *a concupiscência da carne e a lei que nos membros repugna à lei da mente*, um mal da libido que é bem usado pela castidade conjugal para a procriação dos filhos. Porém, por serem dois livros, o primeiro chegou às mãos do pelagiano Juliano, que escreveu quatro livros contra ele, dos quais separou algumas coisas e as enviou ao Conde Valério e ele a nós. Tendo-os recebido, respondi com outro livro às mesmas questões.

Dessa obra, o primeiro livro começa assim: *Haeretici novi, dilectissime fili Valeri* [Os novos hereges, diletíssimo filho Valério]; o segundo, porém, inicia assim: *Inter militiae tuae curas.* [Entre os cuidados da tua milícia.]

54

EXPRESSÕES

Sete livros

54. Compus sete livros sobre os sete livros das divinas Escrituras, isto é, os cinco de Moisés, um de Josué, filho de Nun, e um dos Juízes. Para cada um deles, anotei as expressões menos usuais em nossa língua, para as quais, prestando pouca atenção, os que as leem procuram o sentido das palavras divinas, já que são um gênero de expressão e algumas vezes extraem algo que, realmente, não é contra a verdade e, todavia, encontra-se que não é aquilo que pensou o autor que as escreveu, mas, com mais credibilidade, teria dito aquilo em um gênero de expressão. Ora, muitas coisas obscuras nas santas Escrituras se esclarecem pelo conhecimento do gênero de expressão. Por isso, deve-se conhecer esses gêneros de expressão onde as sentenças são claras, para que também onde são obscuras o próprio conhecimento ajude e as abra à compreensão de quem lê. O título dessa obra é *Expressões do Gênesis* e de cada um dos livros. Mas o que pus no primeiro livro está escrito: *E Noé cumpriu todas as palavras que o Senhor lhe ordenou; assim fez* e disse que esta expressão é semelhante àquilo que é dito depois na narração da criação: *E assim foi feito,* acrescenta-se: *e Deus fez* (Gn 1,15.24). Ora, isso não me parece semelhante de modo algum: afinal, lá também o sentido permanece obscuro, aqui é só uma expressão.

Esta obra começa assim: *Locutiones Scripturarum.* [As expressões das Escrituras.]

55

QUESTÕES

Sete livros

55.1 No mesmo período, escrevi também livros de *Questões* dos mesmos sete livros e quis nomeá-los assim porque as coisas sobre as quais ali se discute são apresentadas mais para serem investigadas do que para serem resolvidas, embora me pareça que muitas coisas foram de tal modo tratadas que, com razão, podem ser consideradas resolvidas e explicadas. Começamos a considerar do mesmo modo também os *Livros dos Reis*; mas não avançamos muito, dando atenção a coisas mais urgentes. No primeiro livro, onde se trata das varas de diversas cores que Jacó punha na água, para que as ovelhas as vissem no momento de beber e assim parissem crias de várias cores. Mas não está bem explicado o motivo pelo qual não punha mais as varas para as que concebiam pela segunda vez, isto é, quando concebiam novos cordeiros, mas o fazia só na primeira concepção (cf. Gn 30,37ss.). Ora, a exposição da segunda questão, onde se investiga por que Jacó disse a seu sogro: *Tu mudaste também dez vezes a minha recompensa* (Gn 31,41), isso demonstra que a questão não foi suficientemente explicada, como devia ser resolvida.

55.2 Também no terceiro livro, onde se trata do sumo sacerdote, como gerava os filhos, tendo a necessidade de entrar duas vezes por dia no Santo dos Santos, onde estava o altar do incenso, para ali oferecer incenso de manhã e de tarde (cf. Ex 30,7-8), onde, segundo a lei, não podia entrar impuro, e a lei diz que o homem se torna impuro pela relação conjugal (cf. Lv 15,16) e prescreve, na verdade, que se lave com água e mesmo lavado se torna *impuro até a tarde* e, por isso, eu disse: *A consequência era que ou permanecesse continente, ou interrompesse o incenso por alguns dias*; e não vi que não fosse uma consequência. De fato, o que está escrito: *Ficará impuro até a tarde* pode ser entendido também de outro modo: Que não ficará impuro durante toda a tarde, mas só até o começo da tarde e que, portanto, nas horas da tarde podia oferecer incenso em condição de pureza, já que se unia à mulher para gerar filhos depois da oferta da manhã. Igualmente, quando se investiga como ao sumo sacerdote podia ser proibido de entrar para o funeral do pai, já que o filho, um só, sendo sacerdote, não era oportuno que se tornasse sacerdote depois da morte do sacerdote seu pai, eu disse: Por isso, foi necessário que ainda não sepultado o pai, logo depois de sua morte, *o filho fosse constituído sacerdote que sucederia o pai, também para consentir a continuação da oferta do incenso, que devia ser ofertado duas vezes ao dia*; é a este sacerdote que era proibido entrar logo depois da morte do pai ainda insepulto. Mas não prestei atenção que esta prescrição teria podido valer, sobretudo, para os futuros sumos sacerdotes que não sucediam os pais, mas eram dos filhos, isto é, dos descendentes de Aarão, se talvez o sumo sacerdote não tivesse filhos, ou se os tivesse tão réprobos que nenhum pudesse dignamente suceder ao pai. Como aconteceu com Samuel, que sucedeu o sumo sacerdote Heli (cf. 1Sm 1,3ss.; 3,1ss.), não sendo ele filho de sacerdote, mas era dos filhos, isto é, dos descendentes de Aarão.

55.3 Também do ladrão a quem foi dito: *Hoje estarás comigo no paraíso* (Lc 23,43), que eu considerei quase como certo que não havia sido visivelmente batizado, já que se deve crer ser mais incerto que ele tenha sido batizado, como depois discuti em algum lugar. Igualmente é verdade o que disse no quinto livro, onde se mencionam as mães nas gerações evangélicas, que seu nome é sempre colocado com o nome dos pais (cf. Mt 1,16; Lc 3,23), mas a observação não se refere ao assunto do qual se tratava. Tratava-se antes daqueles que desposavam as mulheres dos irmãos ou dos parentes, daqueles que morreram sem filhos, por causa dos dois pais de José, o primeiro dos quais é recordado por Mateus, o segundo, por Lucas. Desse assunto tratei com profundidade nesta obra e mais precisamente na parte dedicada à revisão do meu escrito: *Contra o maniqueu Fausto.*

Esta obra começa assim: *Cum Scripturas sanctas, quae appellantur Canonicae.* [Porque as Escrituras santas, que são chamadas canônicas.]

56

A ALMA E SUA ORIGEM

Quatro livros

56. No mesmo período, na Mauritânia de Cesareia, um certo Vicente Victor encontrou na casa de um presbítero espanhol de nome Pedro algum opúsculo meu, no qual, tratando em algum lugar sobre a origem da alma de cada um dos homens individualmente, eu admitia não saber se as almas se propagam a partir da alma do primeiro homem e depois, através dos pais, ou se, como àquele um, a cada um é dada a sua alma sem processo algum de reprodução; todavia, admitia saber que a alma não é um corpo, mas é um espírito. E, contra essas minhas afirmações, ele escreveu dois livros dirigidos ao mesmo Pedro, que o monge Renato me enviou de Cesareia. Tendo-os lido, como minha resposta devolvi quatro livros: um ao monge Renato, o segundo ao presbítero Pedro e dois ao mesmo Victor. Mas o destinado a Pedro, embora tenha a prolixidade de um livro, na realidade é um carta, mas não quis que ficasse separada dos outros três. Em todos eles, porém, nos quais se tratam questões muito necessárias, defendi a minha hesitação sobre a origem das almas que são dadas a cada um dos homens, e mostrei os muitos erros e perversidades de sua presunção. Porém, não tratei aquele jovem com a rapidez pela qual devia ser detestado, mas com a delicadeza com que devia ser instruído, e recebi dele uma resposta escrita com a qual se corrigia.

Dessa obra, o livro de Renato começa assim: *Sinceritatem tuam erga nos* [A tua sinceridade a nosso respeito];

a Pedro, porém, assim: *Domino dilectissimo fratri et compresbitero Petro* [Ao Senhor Pedro, diletíssimo irmão e colega no presbitério];

dos dois últimos a Vicente Victor, o primeiro começa assim: *Quod mihi ad te scribendum putavi.* [O que julguei que devia escrever-te.]

57

OS CASAMENTOS ADULTERINOS

A Polêncio

Dois livros

57. Escrevi dois livros sobre: *Os casamentos adulterinos*, atendo-me o mais possível às Escrituras, desejando resolver uma questão dificílima. Não sei se consegui fazer isso de maneira muito perspicaz; sinto, porém, que nesse assunto não cheguei à perfeição, embora tenha aberto muitos de seus pontos, que quem ler de modo inteligente poderá julgar.

Dessa obra, o primeiro livro começa assim: *Prima quaestio est, frater dilectissime Pollenti.* [A primeira questão é, irmão diletíssimo Polêncio.]

O segundo, porém, assim: *Ad ea quae mihi scripseras.* [Quanto às coisas que me escreveras.]

58

CONTRA UM ADVERSÁRIO DA LEI E DOS PROFETAS

Dois livros

58. Nesse ínterim, aconteceu que numa praça de Cartago junto ao mar, com grande afluência de público que ouvia com muita atenção, lia-se o livro de algum herege, quer de um marcionista, quer de algum daqueles cujo erro consiste em pensar que o mundo não foi criado por Deus, e segundo os quais o Deus da Lei transmitida por Moisés e pelos Profetas que pertencem à mesma Lei não seria o verdadeiro Deus, mas um péssimo demônio. Alguns irmãos de fé muito intensa chegaram a possuí-lo e, sem demora, enviaram-no a mim para ser respondido, pedindo insistentemente que não adiasse a resposta. Refutei-o em dois livros que, por isso, designei: *Contra um adversário da Lei e dos Profetas,* pois o manuscrito que me foi enviado não trazia o nome do autor.

Esta obra começa assim: *Libro quem misistis, fratres dilectissimi.* [Com o livro que enviastes, irmãos diletíssimos.]

59

CONTRA GAUDÊNCIO, BISPO DONATISTA

Dois livros

59. Nesse mesmo tempo, na África, o tribuno e notário Dulcício era o executor das ordens imperiais dadas contra os donatistas. Tendo ele enviado uma carta a Gaudêncio de Tamugad, bispo dos donatistas, um dos sete que os adeptos da seita haviam escolhido como defensores de sua causa na nossa conferência, exortando-o à unidade católica e dissuadindo-o do incêndio com o qual ameaçava dar fim a si e aos seus com a própria Igreja em que estava, acrescentando também que, se fossem considerados justos, antes fugiriam segundo o preceito de Cristo Senhor (cf. Mt 10,23), do que serem queimados por fogos horríveis. Gaudêncio respondeu com duas cartas: uma breve, pela pressa do portador, afirmou; a outra longa, respondendo de maneira mais completa e com mais diligência. O referido tribuno julgou que devia enviá-las a mim, para que as refutasse; e eu respondi a ambas com um único livro. Tendo este chegado às mãos do próprio Gaudêncio, ele escreveu como resposta o que lhe pareceu contra mim, respondendo em apresentar razões, porém, declarando que não podia responder, nem se calar mais. Mesmo que isso possa parecer claro a quem ler com inteligência e confrontando as nossas palavras com as suas, eu não quis deixar sem uma resposta escrita, seja qual for. Assim, aconteceu que meus dois livros fossem dirigidos a ele.

Esta obra começa assim: *Gaudentius Donatistarum Tamugadensis episcopus.* [Gaudêncio, bispo dos donatistas de Tamugad.]

60

CONTRA A MENTIRA

Livro único

60. Então, escrevi também um livro *Contra a mentira*. A causa de tal obra surgiu quando, para descobrir os hereges priscilianistas, que julgam ter de ocultar sua heresia não só negando e mentindo, mas também perjurando, pareceu a alguns católicos que deviam simular serem priscilianistas para penetrar nas suas trevas. Proibindo-lhes de fazer isso, escrevi este livro.

Esta obra começa assim: *Multa mihi legenda misisti.* [Enviaste-me muitas coisas para serem lidas.]

61

CONTRA DUAS CARTAS DOS PELAGIANOS

Quatro livros

61. Seguem quatro livros que escrevi a Bonifácio, bispo da Igreja Romana, *Contra duas cartas dos pelagianos*, porque quando chegaram às suas mãos, ele as enviara a mim por encontrar nelas o meu nome citado caluniosamente.

Esta obra começa assim: *Noveram te quidem, fama celeberrima praedicante.* [Conhecia-te, certamente, por uma celebérrima fama publicada.]

62

CONTRA JULIANO

Seis livros

62. Nesse ínterim, chegaram também às nossas mãos os quatro livros do pelagiano Juliano, que recordei acima. Nelas encontrei as partes que havia separado aquele que a enviara ao Conde Valério, porém, não todas da maneira pela qual foram ditas por Juliano e escritas ao referido conde, mas algumas foram um pouco modificadas. Portanto, escrevi seis livros contra aqueles quatro. Os dois primeiros dos meus, porém, com testemunhos dos santos que defenderam a fé católica depois dos apóstolos, criticam a impudência de Juliano, que julgou dever opor-nos como dogma dos maniqueus o fato de dizermos que de Adão contraímos o pecado original, que é perdoado pelo *banho da regeneração* (Tt 3,5) não só nos adultos, mas também nas crianças. Contudo, na última parte do meu livro mostrei quanto o próprio Juliano favorece os maniqueus em algumas de suas afirmações. Os nossos outros quatro livros correspondem a cada um dos quatro livros de Juliano. No quinto volume desta obra tão ampla e laboriosa, onde recordei que um marido disforme, no momento da união conjugal, costumava apresentar à sua esposa uma linda pintura para que ela não desse à luz filhos disformes, e coloquei quase como certo o nome desse homem, embora seja incerto, porque a memória me falhou. Mas Sorano, autor de obras medicinais, atribuía tal costume a um rei de Chipre, mas sem mencionar o nome próprio.

Esta obra começa assim: *Contumelias tuas et verba maledicta, Juliane.* [Tuas injúrias e palavras malditas, Juliano.]

63

A FÉ, A ESPERANÇA E A CARIDADE

A Lourenço

Livro único

63. Escrevi também um livro sobre *A fé, a esperança e a caridade,* porque aquele a quem escrevi pediu-me que tivesse em suas mãos um opúsculo meu do qual não se afastasse; um gênero que os gregos chamam de *Enquirídio.* Parece-me que ali consegui resumir com suficiente diligência como se deve cultuar a Deus que a divina Escritura sempre define como verdadeira sabedoria do homem.

Este livro começa assim: *Dici non potest, dilectissime fili Laurenti, quantum tua eruditione delecter.* [É impossível dizer quanto me alegro por tua erudição, diletíssimo filho Lourenço.]

64

O CUIDADO DEVIDO AOS MORTOS

Ao Bispo Paulino

Livro único

64. Escrevi um livro sobre *O cuidado devido aos mortos,* para responder a uma carta na qual se perguntava se tem algum proveito alguém ser sepultado onde se honra a memória de um santo.

Este livro começa assim: *Diu Sanctitati tuae, coepiscope venerande Pauline.* [Há muito tempo, à tua Santidade, Venerável Paulino, irmão no episcopado.]

65

AS OITO QUESTÕES DE DULCÍCIO

Livro único

65. O livro que intitulei *As oito questões de Dulcício* não deveria ser recordado nesta obra entre os meus livros por ter sido confeccionado por outros com material que se encontra em outros precedentes escritos meus; a não ser que nele se encontre intercalado por nós algo de uma discussão e uma resposta a uma das questões postas que não está em algum opúsculo meu, mas que forneci como me foi apresentada no momento.

Este livro começa assim: *Quantum mihi videtur, dilectissime fili Dulciti.* [Pelo que me parece, diletíssimo filho Dulcício.]

66

A GRAÇA E O LIVRE-ARBÍTRIO

A Valentim e seus monges

Livro único

66. Por causa daqueles que, quando se defende a graça de Deus julgam que se negue o livre-arbítrio, e quando se defende o livre-arbítrio, que se negue a graça de Deus, afirmando que ela nos é dada por nossos méritos, escrevi um livro, cujo título é *A graça e o livre-arbítrio.* Escrevi-o para os monges de Adrumeto, em cujo mosteiro começara-se a discutir sobre o assunto, de modo que alguns viram-se obrigados a pedir a minha opinião.

Este livro começa assim: *Propter eos qui hominis liberum arbitrium.* [Por causa daqueles que o livre-arbítrio do homem.]

67

A CORREÇÃO E A GRAÇA

A Valentim e seus monges

Livro único

67. Novamente, aos mesmos monges, escrevi um outro livro, que intitulei: *A correção e a graça,* quando me disseram que ali havia alguém dizendo que não se devia censurar a ninguém que não obedecesse aos preceitos de Deus, mas que só se rezasse por ele.

Este livro começa assim: *Lectis litteris vestris, Valentine frater dilectissime.* [Lidas as vossas cartas, diletíssimo irmão Valentim.]

EPÍLOGO

Ao fazer esta retratação consegui apurar que ditei noventa e três obras, num total de duzentos e trinta e dois livros, sem saber se ainda ditarei outros; publiquei sua retratação em dois livros por solicitação dos irmãos, antes de começar a retratar as cartas e os sermões ao povo, alguns já ditados, outros somente pronunciados.

Conecte-se conosco:

facebook.com/editoravozes

@editoravozes

@editora_vozes

youtube.com/editoravozes

+55 24 2233-9033

www.vozes.com.br

Conheça nossas lojas:

www.livrariavozes.com.br

Belo Horizonte – Brasília – Campinas – Cuiabá – Curitiba
Fortaleza – Juiz de Fora – Petrópolis – Recife – São Paulo

Vozes de Bolso

EDITORA VOZES LTDA.
Rua Frei Luís, 100 – Centro – Cep 25689-900 – Petrópolis, RJ
Tel.: (24) 2233-9000 – E-mail: vendas@vozes.com.br